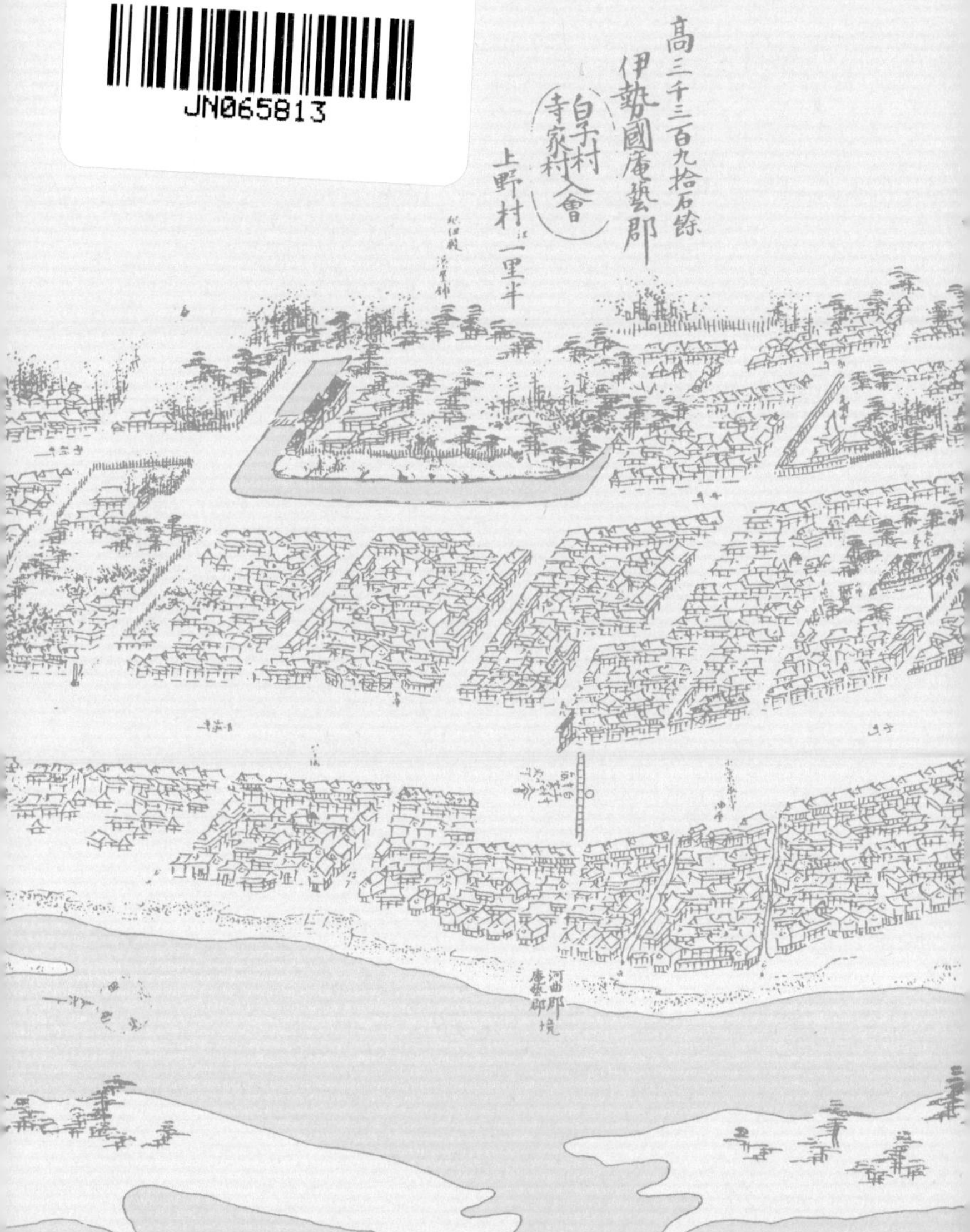
高三千三百九拾石餘
伊勢國庵藝郡
白子村
寺家村
入會
上野村江一里半
河曲郡
庵藝郡
境
湊口

伊勢湾白子港歴史浪漫

―木綿の道と千石船―

後藤隆之

復刻版発刊に当たって

二〇二一年（令和三年）に『伊勢商人の世界』の復刻版（初版一九九〇年）を出版して以来念願の、続編『伊勢湾白子港歴史浪漫』（初版一九九四年）の復刻版も三十年の時を経て、この度出版することとなりました。『伊勢商人の世界』は私が案じていたように、読破するのに困難を極めた方々も多いと聞いておりますが、今回の続編をお読みいただき、再度チャレンジしていただけると嬉しいとの思いもあります。

『伊勢湾白子港歴史浪漫』は著者の郷土愛溢れた千石船に纏わる話です。七世紀大和朝廷の時代から、平安時代、源平合戦、鎌倉・室町時代を経て、戦国時代、海の関所を解放した織田信長の陸海新秩序の改革の最中《さなか》、話は徳川家康伊賀越えの逃走秘話へと続きます。歴史浪漫そのもので興味は尽きません。

徳川御三家の紀州藩の庇護を受け、日本屈指の廻船基地となった江戸時代中期の輝ける伊勢湾白子港が、明治維新と共に何故忽然と消えたのか。一八世紀後半、白子港千石船の船長、大黒屋光太夫は漂流の後、遥かロシア・サンクトペテルブルグを訪れエカテリーナ二世に拝謁しましたが、その人生は謎に満ちています。

著者がこだわり続けた郷土三重の歴史に思いを馳せていただければ幸いです。

二〇二三年（令和五年）七月

有限会社　後藤ビジネス

代表取締役　名倉眞知子

目次

復刻版発刊に当たって……一

1 港の夜明け

1 今と昔……九
2 伊勢神宮と伊勢平氏……一〇
3 信長と家康……一六

2 廻船基地の形成

1 木綿伝来……二五
2 白子港の原型……二八
3 千石船と白子複合港……三三
4 木綿の道―産地から白子港へ……三八
5 紀州藩の役割……四二
6 木綿の道―白子港から江戸へ……四八

3 白子廻船の光と影

1 港町の賑わい……五九
2 系列化による従属性……七四

3 船徳―廻船の損益計算……八二
4 海難……九〇
5 ロシアを見た船頭・大黒屋光太夫……九八

4 千石船は消えた

1 江戸木綿問屋の弱体化……一一一
2 白子廻船最後の努力……一一三
3 崩壊―勝海舟の慨嘆……一一八
4 追想・白子兵太夫と竹口次兵衛……一二二

白子港年表……一二九
参考文献……一三六
あとがき……一三九
著者紹介……一四一

凡例

一、白子（しろこ）として表示した地名は便宜上江戸時代の江島、白子、寺家（じけ）の三郷を含んでいる。

二、地名は引用文の場合は当時の文字によっているが、その他は現在の文字に統一した（松坂と松阪など）。

三、伊勢国産木綿は産地によって神戸（かんべ）木綿、伊勢木綿、松阪木綿と呼ばれていたが、何れも伊勢木綿としている。

四、参考文献名は『・・・』、引用文は「・・・」、筆者の註は（・・・）をつけた。

装　　丁　アートピア・新　晴明

カバー写真　白子の海・冬

見　返　し　五街道分間延絵図之内　伊勢路見取絵図（白子之図）

1 港の夜明け

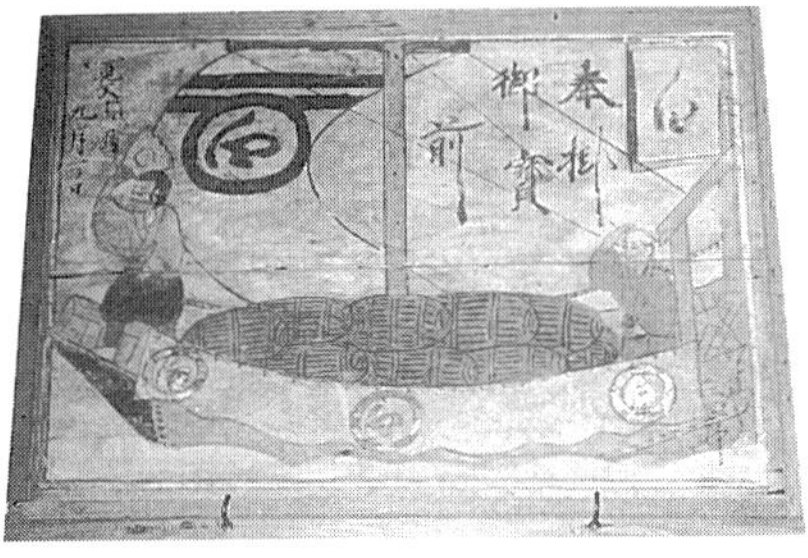

江島神社絵馬・神船

1　今と昔

舟漕いで　海の寒さの　中を行く

降る雪の　空つづきにて　海も降る

一湾の　潮《うしお》しづもる　きりぎりす

俳人山口誓子《せいし》の句である。彼は、太平洋戦争後の昭和二十三年から約五年間、三重県白子《しろこ》町に住み、朝な夕な海水浴場として有名な鼓《つゞみ》が浦の白砂青松を眺めていた。海は静かで淋しかった。

　その頃、私も鼓ヶ浦に住んでいた。勤め先である四日市の会社の鼓ヶ浦社宅で、新婚生活を送っていたゝめであり、数分間も歩けば海岸であった。その風情は、まさに誓子の句のとおりであった。

　鼓ヶ浦の松林の堤に沿って堀切川が流れ

山口誓子句碑・悟真寺境内

ていた。流れるというよりも、水の動きが感じられないような川であり、一粁ほど北で入江に連なったところが小さな白子漁港であった。

この港に秘められた歴史を、当時の私は全く知らなかった。江戸時代に、伊勢湾最大の商港として廻船問屋が軒を並べ、千石船が何十艘も江戸との間を往復していたという栄光の歴史があったことを知ったのは、昭和五十年代になってからである。伊勢国（三重県）が、江戸の流通経済を牛耳った伊勢商人たちのふるさとであることに興味を抱いて研究しつゝあったとき、伊勢商人活躍の大きな目玉商品・木綿は、白子港から積み出されたことを知った。最高のブランド商品として評判の高かった松阪縞《しま》木綿だけでなく、伊勢湾岸各地、対岸の知多はもとより尾張《おわり》や三河《みかわ》で織られた木綿も、白子港を経由して江戸へ送られたという。

今は幻影でしかないような、かつての現実を追ってみたいと思う。

2　伊勢神宮と伊勢平氏

白子《しろこ》は、現在三重県鈴鹿市の一部である。鈴鹿市は田園都市といわれていて、伊勢平野のほゞ中央を占めており、白子は海に面した地区にあたる。

日本書記に「是の神風の伊勢国は常世《とこよ》の浪の重波《しきなみ》の帰《よ》する国なり。傍国《かたくに》の可怜《うま》し国なり。」と誌されている。「百船《ももふね》の度会《わたら》う国」として海の幸は豊かで舟が行きかい、「美《うま》し国」として陸は豊かな穀物に恵まれていた。

大和朝廷が全国的な律令国家を確立した大化改新（西暦六四五年）にあたり、伊勢国一円を統治するため設置した国衙《こくが》は、現在の鈴鹿市国府町にあった。さらに百年ほどのち、伊勢国分寺が建立されたのもこの地であり、ひきつづき白子山観音寺、稲生《いのう》神宮寺が創建されている。平安時代（七九四〜一一八五）になると中央の豪族や寺社の荘園《しょうえん》とされ、白子地区は摂政家・藤原忠実領であった。入り乱れて存在する荘園の間に争いが生じることは避けられない。その原因は大部分が水田の境界や水路をめぐるものであったろう。

史実に残る争いの一つに、治暦三年（一〇六七）三月三日、稲生神社祭礼で平家武士団間の殺傷事件があり、下って嘉承二年（一一〇七）十二月には栗真《くるま》荘住民が稲生神社の神田を奪ったことを理由に争いが生じて殺傷事件を起している。

栗真という地名に私は特別の興味を持った。私の住む津市の北郊に古くから栗真《くりま》なる土地がある。関係があるのだろうかと思って、日本地名辞典を調べてみた。果たせるかな、津市北郊の地で古く藤原忠実の荘園であり、稲生神社殺傷事件等のことが書かれている。しかし、どう

伊奈冨（稲生）神社

久留間（栗真）神社

もおかしい、私には納得しかねるものがある。稲生神社と津市栗真とは十五粁も離れた距離がある。昔の距離では大変な遠隔地であって、はるばる出張（?）してまで喧嘩する関係があるだろうか……。

　実は白子地内にかって栗真なる地名があって、『朝野群載』に栗真荘内に伊奈冨《いなふ》（稲生）神社の神領地があったと出ている。太平記は応仁の乱で伊勢の国司・北畠教具に擁せられた足利義視が「栗真庄のうち白子へ着陣」という記述があり、また時代がずっと下って、豊臣秀吉のいわゆる太閤検地（文禄三年）の一部に「伊勢国安芸郡白子栗真御検地帳」（・点筆者）があって、白子村は田二八四一石、畑五六六石余となっている。殺傷事件は、どう考えても白子地区内の栗真《くるま》と稲生の争いと見るべきものであろう。白子栗真も津市栗真も、ともに藤原忠実の荘園であったため混同したものと私は解釈している。

　やゝ本論を外れたが、争いが生じるのは何よりも重要な水田問題によるものであろう。この豊饒の地に二つの大きな勢力が張りめぐらされた。伊勢神宮と伊勢平氏である。

伊勢神宮の荘園ともいうべき御厨《みくりや》、御薗《みその》が鈴鹿地内の各村落のほとんどに設けられた。庄野、平田、深溝、若松、箕田《みだ》、江島《えじま》など二十数ヶ所に達している。御厨は伊勢国内に一〇六〇ヶ所あったとされ、更に伊勢湾をへだてた三河にも饗庭《あいば》、伊良湖、橋良などの御厨があった。当然、伊勢神宮へ送られる米穀の輸送路が問題となる。人馬による陸送は、道路事情の劣悪さからみても困難であった。川や海の舟便が効果的であったことは容易に推察できる。伊勢湾岸には、知多半島から尾張名古屋〜桑名〜四日市〜白子〜津〜神宮の外港であった大湊《おゝみなと》まで二十余の港が並んでいた。船の往来はしきりであり、伊勢が古来から「百船の度会《わたら》う国」と呼ばれたのはそのためであった。しかし白子港は、まだ諸港の一つであって、江戸時代におけるような優位性は持っていなかった。

いま一つの勢力伊勢平氏が台頭したのは、美《うま》し国の米と百船の度会う海とのお蔭であった。津市西部産品《うぶしな》の地は、平清盛の父忠盛の生誕地と伝えられており、伊勢平氏発祥之地という誇らしげな標識と遺構がある。

先に述べた治暦三年の稲生神社祭礼で衝突したのは、検非違使（警察）河内常重、平惟盛朝臣《これもりあそん》の従者と、左衛門尉《じょう》平季衡《すえひら》の従者とであったというから、この頃（十一世紀）に白子方面に平氏の勢力が張り出していたことは明らかである。

平清盛に至って全盛を極めた平氏を打倒すべく立ちあがったのが源氏であった。源平合戦には白子の者どもが絵巻のように登場する。保元物語の官軍勢揃えの場面に「清盛に相従う人々には……伊勢国には古市（白子の古名）の伊藤武者景綱、同じき伊藤五郎忠清、伊藤六忠道……」父子が登場し、源為朝に立ち向って忠直は矢に当って即死したという。

源平盛衰記の宇治川の戦には、「古市の白子党とて平氏の軍に加わりける武者共、皆緋縅《ひおどし》の鎧《よろい》を着て　水に流されて網代《あじろ》にかゝった」と敗軍の模様が書かれている。

平家は壇ノ浦で滅亡した。平家物語の高倉の宮御最期の條には、伊勢・伊賀の兵六百余が押し流され、萌黄縅《おどし》、赤縅など色々な鎧をつけて浮きつ沈みつ揺られているのを救う者共「皆伊勢の住人なり。黒田の後藤平四郎・日野（四日市）の十郎・乙部（津）の弥七という者なり。」と、海上での活躍を誌している。古来平氏は水軍に強かったといわれているが、伊勢の海から加勢に馳せ参じた人びともその一翼を担っていたのではなかろうか。

「青葉の笛」の悲哀に満ちた話にも、白子のかゝわり合いがあるという伝説が残されている。一ノ谷の合戦で、熊谷真実が討ち取った若者は、平家の公達《きんだち》・敦盛であった。我が子とも見まがう青年が所持していた横笛を見て、昨夜平家の陣中から洩れて来た美しい笛の音色の主であることを知った荒武者真実は深く心を打たれて、武士を捨てゝ僧籍に入った。数ある軍記の名場面でも、最高の物語といってよい。その青葉の笛は白子町中町の端雲山龍源寺の境内の竹林より切取った竹で作られたと言い伝えられている。白子の地と縁の深かった平氏を哀悼する人びとの心から生れた話であろう。

何はともあれ、白子とその港の夜明けの幕は、伊勢神宮と伊勢平氏によって開けられたと言ってよい。

源氏の鎌倉幕府は三代で亡んだ（元弘三年一三三三）つゞいて足利家の室町幕府の時代も半ばを過ぎ十五世紀になると、伊勢・志摩守護の一色《いっしき》氏が伊勢湾航路の、桑名から鳥羽までの主な港に本警固《ほんけいご》四ヶ所、新警固七ヶ所を設置して安全通航の保障（警固）料を徴収して治安を維持していたが、室町末期・戦国時代を迎えて様相は激変した。

新警固が勝手に設置されて、湾岸の港の数とほゞ同数の三十数ヶ所に及び、本来の目的から外れて、権力者が通航料を召しあげるための関所と化し、海の流通経済は著しく阻害された。御厨から米を運ぶ神船さえ差し押えられたりして、神米の入荷は年々減少をたどるので、伊勢神宮側は「神慮測り難し」「神鑑恐るべし」などという警告をたびたび発したが効果は殆んど

龍　源　寺

なかった。陸上の流通事情も同じ傾向で、集落毎に通行料をおどし取るための勝手（私設）関所が乱立した。応仁の乱（一四六八）以後、その事態は最悪に達していた。

3　信長と家康

織田信長の登場は、これら旧体制の破壊と新体制の創造をもたらした。陸上の関所だらけを廃して楽市楽座を推進し、海上の警固を打破して航路を平定した。今でいう自由経済の推進を実現しようと努力した。

信長が中央の覇権を手に入れるためには、伊勢路の確保が不可欠であった。彼は和と戦の二方策でこれを実現した。

第一は鈴鹿地区対策であって、南北朝時代以来伊勢の国司として大きな権力を握っていた北畠家の系統を引く神戸《かんべ》氏を支配するため、信長は三男三七郎（信孝）を神戸友盛の養子に送りこんで（永禄十一年 一五六八）中伊勢の地を抑えた。

第二は宗教的団結を誇った長島（桑名北方）の一向宗徒を攻め二万人余を大虐殺して北伊勢の地を制した（天正二年 一五七四）。

第三は伊勢国司北畠氏へ次男信雄《のぶかつ》を婿入りさせて義父具教《とものり》を謀殺し（天正四年一五七六）、南伊勢の地を収奪した。具教は当代随一の剣豪塚原卜伝の高弟で免許皆伝の武芸者として名高かったが、その最後はあえなかった。

右は信長の伊勢における三大悪業ともいわれているが、経済の面においては伊勢の陸海に新らしい秩序を創造した功績は大きい。まさに新時代の到来であった。

信長は、業半ばにして突然倒れた。本能寺の変（天正十年一五八二）は、激動から平和への時代の接点となった。


その日、徳川家康は大阪・堺に居た。豪商松井友閑邸で茶の湯の接待をうけて心を和ませていた天正十年六月二日の未明、明智光秀謀反、信長本能寺で殺害された速報を持って駈けつけたのが、商人の茶屋四郎次郎であった。五〇名程の内輪の手勢で、京都で信長と会談し堺へ行楽の旅を楽しんでいた家康に、光秀の手がまっさきに迫ることは必定だった。

「事こゝに及ぶ。自決やむなし。」と覚悟した家康であったが、茶屋（実は家康の家臣松本清近）のすゝめで方針を改め、即刻、国元岡崎への逃走を開始した。

「私には京都への道を選ばせて下さい」という穴山梅雪《あなやまばいせつ》ら一行一二名が本隊と分れて出発した。

家康の本隊三十余名は伊賀越えの道を選んで伊勢湾渡海で岡崎を目指した。道中で梅雪らが山城国（京都府）飯岡で光秀軍により殺害されたとの報せが届いて「俺の身代りになってくれたか」と家康は嘆息した。梅雪はもと武田信玄の部下であったが、武田家滅亡のあと家康に命を拾われた武将だったので、その恩愛に対して死をもって答えたのであろう。

伊賀地を選んだことは適切だった。伊賀はかって数度にわたって信長による大殺戮をうけているため、反信長の地であったが、伊賀攻めに加担していない家康に心を寄せる者が多かった。忍者として勢力を持っていた服部半蔵の一統は、家康を護衛して伊勢国まで案内した。

半蔵一統はその功によって、後年家康の江戸幕府で隠密（忍者）の役割を担当した。彼等の住居は江戸城西方の一画で、今も半蔵門の名が残されている。

伊勢路での逃避行路は、定説では鈴鹿川に沿って東に

家康の伊賀越え逃避行図

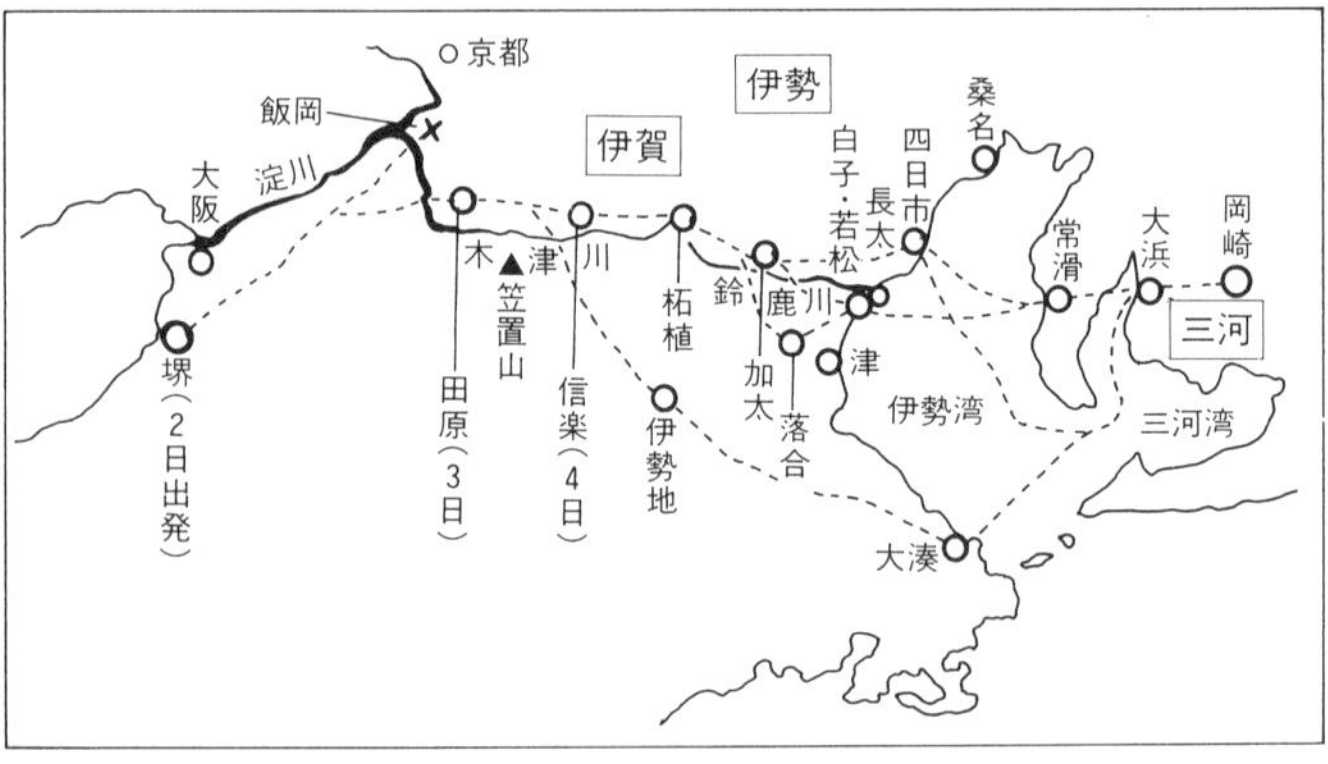

下り、白子（若松）港から舟で知多半島常滑《とこなめ》へ上陸し岡崎に到達したこと丶なっているが、諸説紛々たるものがある。

白子説。伊勢大湊から松阪に出た海運業者角屋《かどや》一族は、早くから伊勢湾はもとより三河湾から江戸、大阪までの廻船を営なみ、家康の御用もつとめていた有力な海運業者である。白子港には必ずや角屋の船が居ろうという思いが家康にはあったのではないか。

『角屋家功績由緒書』が伊勢神宮徴古館に保存されている。それによれば、角屋は天正三年より浜松港に出入りして家康の御用をつとめており、天正十年本能寺の変のとき、（白子）若松浦より船でお供を致した。その後も小牧・長久手の戦、関ヶ原の戦、大阪両御陣のご用もっとめた功により御朱印を賜わり海外貿易で安南まで飛躍したと誌されている。『東照宮御実記』にも、これと同様の話が残されている。

ところが、若松から船を出したのは地元の小川孫三であるという由緒書も残っている。若松浦より常滑へ送ったが、いざ帰国してみると落武者を逃した罪の詮議が厳しいのに驚ろいて駿河に逃げ帰った。家康は彼の恩に報いるため藤枝宿のあたりに居住地を与えて「白子」と命名し諸役免除の特典を与えた。今も藤枝市に新白子町という名が残っており、十三代目の博氏（医師）がみえるという。

国元に一人残された娘は養子を迎えて、姓を尾崎と改めて、現在本家の孝氏（若松在住）分家の利信氏（江島在住）が居られる。

私の妻の小学校時代の友人が最近遊びにみえたとき昔話がはずんで、その方が実は尾崎孝氏のご夫人であることが判明した。奇縁に驚ろいた次第である。

次は長太浦《なごのうら》説。神戸《かんべ》町の『高野家家譜』なるものがある。家康を自宅に宿泊させ、その献立を記し、翌日長太村の服部平太夫という由緒正しい者を紹介してその船で航海したことが記述されている。

次は四日市説。『石川忠総留書』、徳川義親所蔵『御先祖記』は四日市出航を記している。四日市市北浜町の有力な廻船業者森本長八家には、家康より賜ったという葵の紋がついた短刀（吉光銘）が家宝として秘蔵されている。家康は森本邸の西の船着場から無事常滑へ送られた謝礼としてこの刀を贈ったという。

次は伊勢本街道説。私の友人中野幹氏からお聞きしたもので、行路は伊勢本街道即ち大和国長谷寺―山越え―伊勢地―多気―神宮付近の港へ出たのではないかとのこと。この道は大和と伊勢を結ぶ最短路であるが仲々の難所でもあり、追跡を逃れるのには最適で、また織田信長に亡ぼされた北畠一族の勢力圏でもあるため家康にとって危害の少ないコースとみられる。伊勢へ抜ければ大湊から船を得ることは容易であったろう。中野邸は家康が休息して餅を食べた由来で「権現茶屋」と呼ばれている。このあたり古来修験道場があり、大峰山《おゝみねさん》の蔵王《ざおう》権現の垂迹《すいじゃく》の地でゆかりの社寺が残っていることを考え合わすと、家康権現様と結びついたのかも知れない。山深い地のひっそりとした昔話である。

最後に河内《こうち》落合の里経由説。津市に語りつがれた話であり、近年歴史ジャーナリスト・横山高治氏も小説化されたもので、伊賀から河内の落合の里（現・芸濃《げいのう》町）に逃れて、とある小屋に立寄ったところで追手に迫まられたが、その家の女性が衣裳を脱ぎ捨てて家康にかぶせ、自分は赤い湯文字《ゆもじ》（腰巻）一枚の姿で赤児に乳房をふくませた。侵入した男共は悩ましい姿と女性のひと声に気押されて他所へ走り去ったので、助かった家康は田中川（私の御里・河芸町三行を流れている）に沿って白子港に着いたという。その赤児が長じて藤堂城下町津の商家の養女となり、二十年ほど経って茶屋四郎次郎（前出）の日にとまって家康の側室・清雲院於奈津《おなつ》の方となったという。後日話で家康が湯殿で刺客に襲われたとき、お奈津の方は自分の衣裳をぱっと脱いで家康に与えて女装で脱出させ、みずからは全裸で敵に対して呆然たらしめたという話がある。母娘二代、家康は裸になった女性に助けられた訳で、まさに女福豊かな人であったようだ。因みに家康は二妻十七妾にかしづかれた人であり、中でもお奈津の方は美形で大力、しかも財政に明るいため家康の信頼が最も深かったという。日本三観音の一つとして有名な津観音寺には、彼女の寄進した梵鐘が今も残されている。

歴史か小説か、家康の渡海事件は興味津々なるものがある。一つ重要な点をつけ加えねばならない。家康は常滑《とこなめ》（又は大浜）へ上陸したあと、全員が常住院へ集合して岡崎へ向ったという話があることである。全員が一緒に逃出したのであれば、改めて集合することは無用ではなかろうか。そこで、私は家康影武者説を提示したい。数十名の集団では目立ちやすく陸路は危険であり、海路は舟便の確保も困難かも知れない。集団を分けて、数名の影武者家康を出現させ人目をくらませたのではないか。第一の家康は穴山梅雪であった。家康だとふれこんで敢然として京都に向う行動を自から買って必ず殺される覚悟で出発した梅雪のお陰で、伊賀に向った家康への追及は後手に廻ったのである。伊勢湾の浜辺は目立ちやすく危険も多い、船の便も少なかろう。白子や四日市など数ヶ所に分散して、何名かの家康は無事航海したと私は推理したい。

何れにしろ伊勢の海と白子港は、家康にとって命の恩人であった。江戸開府のあと、白子は徳川御三家の一つ紀州藩に組みこまれ、江戸へ物資を運ぶための伊勢湾最大の港、大阪と並ぶ日本屈指の廻船基地となった。人の縁、歴史の転機は小説よりも奇なりというべきではないか。

2

廻船基地の形成

江島神社絵馬・御宝丸

1　木綿伝来

名も知らぬ　遠き島より
流れよる　椰子の実一つ

伊勢湾口を囲み込むように伸びている渥美半島の伊良湖岬に、島崎藤村の有名なこの詩碑が立っている。太平洋の黒潮に乗って、はるか南方から漂流の旅をつゞけて来たものがこのあたりの浜に打ち寄せられることは、古来から多かったであろう。

綿の歴史もそのようにして始まった。今を去る千二百年程前、桓武天皇の延暦十八年（西暦七九九）に、異形の人を乗せた小舟が三河湾（愛知県）に漂着した。コンロン人とも天竺人とも噂されたこの青年が棉種を持っており、試みに紀伊、淡路、阿波、讃岐、伊豫、土佐、太宰府にこれを植えさせたのが、日本における木棉栽培の始まりだった。しかし、いつしか絶えたという。そして再び綿が日本に登場するのは室町末期頃で、中国や朝鮮を経た輸入品としてであり、やがて文禄三年（一五九四）大和国に移植されて根付いたという。しかし、三河では細々とコンロン人の棉を栽培していたのであろうか、矢作川《やはぎ》の河口に近い西尾市には、棉神さまと呼ばれる「棉祖神・天竹神社」が祀られて、綿の恩恵に感謝の心が捧げられて来た。徳川家康の生母お大《だい》の方が嫁いで来たとき、三河国・刈谷の実家水野家から棉種を持参して、岡崎の家臣の妻女に棉栽培を奨励したという話もある。

綿は戦国時代の鉄砲の火縄《ひなわ》として貴重な軍需品であった。天文十二年（一五四三）種子島に漂着したポルトガル人がもたらした鉄砲は、戦国時代の先端兵器となり、それを多量に組織的に戦場で使用して天下に覇をとなえたのが織田信長であった。

綿はやがて船の帆として重要な産業物資となった。信長のお気に入りだったポルトガルのイエズス（耶蘇）会の宣教師ルイス・フロイスの書き残した『ヨーロッパ文化と日本文化』は世事百般に及ぶ国際比較が数百項目、極めて具体的に述べられている。船に関するもの三一条、その中に「われわれの船は布製の帆を使う。日本のはすべて藁《わら》の帆である。」とある。その藁ムシロの帆が急速に木綿の帆に代ったのもこの頃であった。

そして人びとの衣料として爆発的に普及し始めたのは江戸時代に入ってからである。それまでの庶民の衣料は麻であったが、痛みやすく保温性に乏しかった。木綿は耐久性、吸水性、保温性に富み染色も容易で安価だったからである。

家康が幕府を構えた江戸の町は、二百六十年におよぶ平和の中で、急激な人口集中が行われて、人口百万人の都市が形成された。当時では世界第一の巨大都市であったが、またそのすべてが武家、僧侶神官、庶民などの消費人口で構成された異様な街でもあった。「江戸は日本の胃袋」と呼ばれ、必要な民需物資の大部分を供給する上方《かみがた》（関西）の代表都市「大阪は天下の台所」と呼ばれていた。庶民の衣料としての木綿も、すべて上方より移入されたものであった。

時代は江戸中期、六代将軍吉宗の治世に、江戸への入津物資とその送り元を調べた貴重な統計がある。これを行ったのが南町奉行として有名な大岡越前守忠相《ただすけ》である。彼は裁判官として後世に喧伝されているが、実はそれ以上に極めて有能な経済官僚であり、現在にたとえれば、通産大臣と経済企画庁長官を兼ねていたことを知る人は殆んどない。

大岡越前守は、江戸へ入津する生活必需物資十一品目の数量を調べると共に、天下の台所・大阪からの積出し状況をも把握した『十一品目江戸積高覚』がある。木綿を例にとれば、享保十一年（一七二六）一年間で次のようになっていた。

江戸の受入数量	三、六一三、五〇〇反
大阪港の積出量	一、二一七、二〇〇反
差引其他積出量	二、三九六、三〇〇反

其他積出港とは、どこであったのか。大岡越前守は大阪以外については述べておらず、謎とされている。私が『伊勢商人の世界』を書いたとき、多分その他とは大部分が白子港ではないかと推察しておいたが裏付けの資料が見当らず、「後藤裁き」はいま一つという状態であった。

しかし今回、私の推理は正しくて、まさに白子港だという自信を得た。その判定資料と組みたては四一頁で述べることにする。

白子港が江戸時代に日本最大の木綿積出港であったとは、現代の人びとには容易に信じ難いことであろう。では、白子港はどんな港であったかということから話を進めてみよう。

2　白子港の原型

家康が決死の脱出を行った頃の白子の海岸は、鈴鹿川から分流した金沢《かなさい》川が北部で海に流入するあたりに河口港を形成して白子若松港と呼ばれていた。その辺りから砂州が象の鼻のように三粁ほど南へ伸びて、内側に「小浜」と呼ばれる入江を抱いていた。一方、白子南部に水田地帯から鼓ヶ浦に向って流れる堀切《ほりきり》川があった。この川は現在奇妙な姿を呈している。鼓ヶ浦へ流れ込むべき筈が、海岸の松原堤防の直前でほゞ直角に曲って堤防添いに北上して小浜に接続しているのである。堀切川は、一見して明らかに人工川である。昔は鈴鹿川の氾濫した水系であって、序章に述べた稲生地区を通っていたものであったと思われるが、米作の発達と共に人手を加えて灌漑用水路に改め、また御厨の米やその他の物資を運ぶ運河に変化し、恐らく江

金 沢 川 口 の 若 松 港

大海と呼ばれた東側の海

堀切川口の白子旧港

干潟となった旧港北奥

戸時代に入って北方の小浜に連絡することによって旧白子港が完成したものと思われる。
小浜（旧白子港）に沿った集落は、北から江島《えじま》、白子、寺家《じけ》と並び、何れもが江戸時代に旗本小笠原家と紀州徳川家の所領であったことと重ね合わせてみれば、幕藩勢力が自然に形成された小浜の改修に力を注いで廻船基地に育てあげたのは当然のことではなかったか。
旧白子港小浜を概観するため、私は自動車で金沢川の河口から象の鼻のような砂州上の堤防を南下してみた。東側の海濱は現在千代崎海水浴場となって白砂が美しく、伊勢湾の静かな波が直接打ちよせている。江戸時代はこのあたりは原永海岸とも大海《おゝうみ》とも呼ばれていた。堤防の南端が昔の港の入口に当る。戻り道でみる堤防の西側が小浜で、時どき小型漁船の出入りがあり、相当数の漁船が繋留されている。その奥は小規模なマリーナと岸壁を兼ねた日新橋で港は終る。橋を越えた北方は奥行約二百m、巾約五十mは干潟であるが、昔は橋がなくこゝまで入江が広がっていた。今はその西側半分程が埋立てられて宅地となり、かつて浜辺に植えられた松の木が今では人家の並ぶ街道の並木となっている。また小笠原陣屋から小浜に沿って大海の方へ延びていた御成道の面影を偲ぶこともできない。全盛時代には数十艘もあった千石船（廻船）は、どのあたりにいたのであろうかという思いが去来する。（三七頁の地図参照）
その幻影を求めて、白子廻船の問屋や船頭が航海の安全を祈願したという江島若宮八幡神社を訪ねてみた。神社の前に五m程の堂々たる常夜燈がそびえている。江戸木綿問屋の大伝馬町組と江戸白子組の両組が航路を示すため寄進したもので（文政三年一八二〇）当時はこの辺りまで港が広がっていた筈である。社殿に百二十余枚の絵馬が奉納されている。元来絵馬は祈願のために描かれるものであって、事物の写生ではないが、船や港に関する興味深い知識を与えてくれることもある。

(白)の文字の帆に風を受けた小船の絵馬があり、神前奉納の米俵が積まれ、寛文十年（一六七〇）かどや三四郎奉納という字が、かすかに読める。家康ゆかりの角屋ではなく、廻船問屋河合仁平次配下の船頭角屋であろう。御宝丸の絵馬は七福神が乗り合わせていて、延宝二年（一六七三）江島村坂倉（廻船問屋の坂倉家であろう）という奉納者名が入っている。㊁印の帆を張って渡海する千石船の絵馬もあるが補修が多くて由来が的確には読み切れない。

絵馬の中で特に注目すべきものの一つは、県指定

木綿問屋寄進の常夜灯

旧浜辺の松並木

文化財の「大宝殿の絵馬」（天明元年一七八一）で白子港と街並の風景を描いたものがある。小浜に向って廻船問屋が軒を並べ、千石船は大海に停泊している図である（五七頁掲載）。

白子港を紹介した文献をみると、すべてが小浜は狭くて水深が浅いので、千石船は接岸できず大海即ち外側の海に停泊していたと書かれている。これが今までの定説となっているようであるが、私にはどうも納得し難い。直接波が打ち寄せる海に停泊しなければならない地形が果して港といえるだろうか。後ほど記述するが、白子廻船は年四回前後江戸へ往復した。一往復の日数は三十日から四十日位であるから、一年の半分程は港に停泊しているか近海を航行していることになる。そのあいだ外海に停泊して、時には烈しい風波を受けていたとすることは、常識的ではないような気がしてならない。

3　千石船と白子複合港

白子廻船（千石船）は、残された資料では明和八年（一七七一）から嘉永五年（一八五二）までの八十二年間に七十二艘が建造されており、また、年間に就航していた船は多いときには四十七艘に達したという。廻船と港の関係を理解するため、まず千石船の理解から始めよう。

江戸時代初期までは、海外貿易が盛んに行われ、朱印状の免許を得た者は八十余名、三五五隻の船があったという。家康の御用を勤めた伊勢の角屋七郎兵衛、腹心の部下で京都の茶屋四郎次郎、側室として有名なお奈津の方なども含まれている。しかし寛永年間（一六三〇年頃）に至って鎖国政策がとられ、五〇〇石積以上の兵船は建造が禁止され、商売船についても千石程度までしか認められなくなった。

千石船とは米千石分の重量（約一五〇トン）を積む能力の船をいう。もし千石の米（二五〇〇俵）を陸路で運ぶとすれば、馬の背に二俵を振り分けで積むため一二五〇頭を必要とするうえに、馬子も一二五〇人がついて歩かねばならなかった。宿賃や飼馬糧も馬鹿にならない。もし千石船ならば一艘で済み乗組員も十五名位で片付いたのであるから、その能力と経済性は大きかった。

最近、某新聞の連載ものに「銭五の海」というのがあって加賀金沢の廻船問屋として江戸時代に有名だった銭屋五兵衛が、ロシアと交易するため千石船に米一万俵を積んで日本海を北上する話が出ていた。千石船に積める米俵は二五〇〇俵であるが、物語りの世界では自由自在で景気よく一万俵と書かれても気にならないのだから面白い。

沖の暗いのに白帆が見える
あれは紀の国みかん船

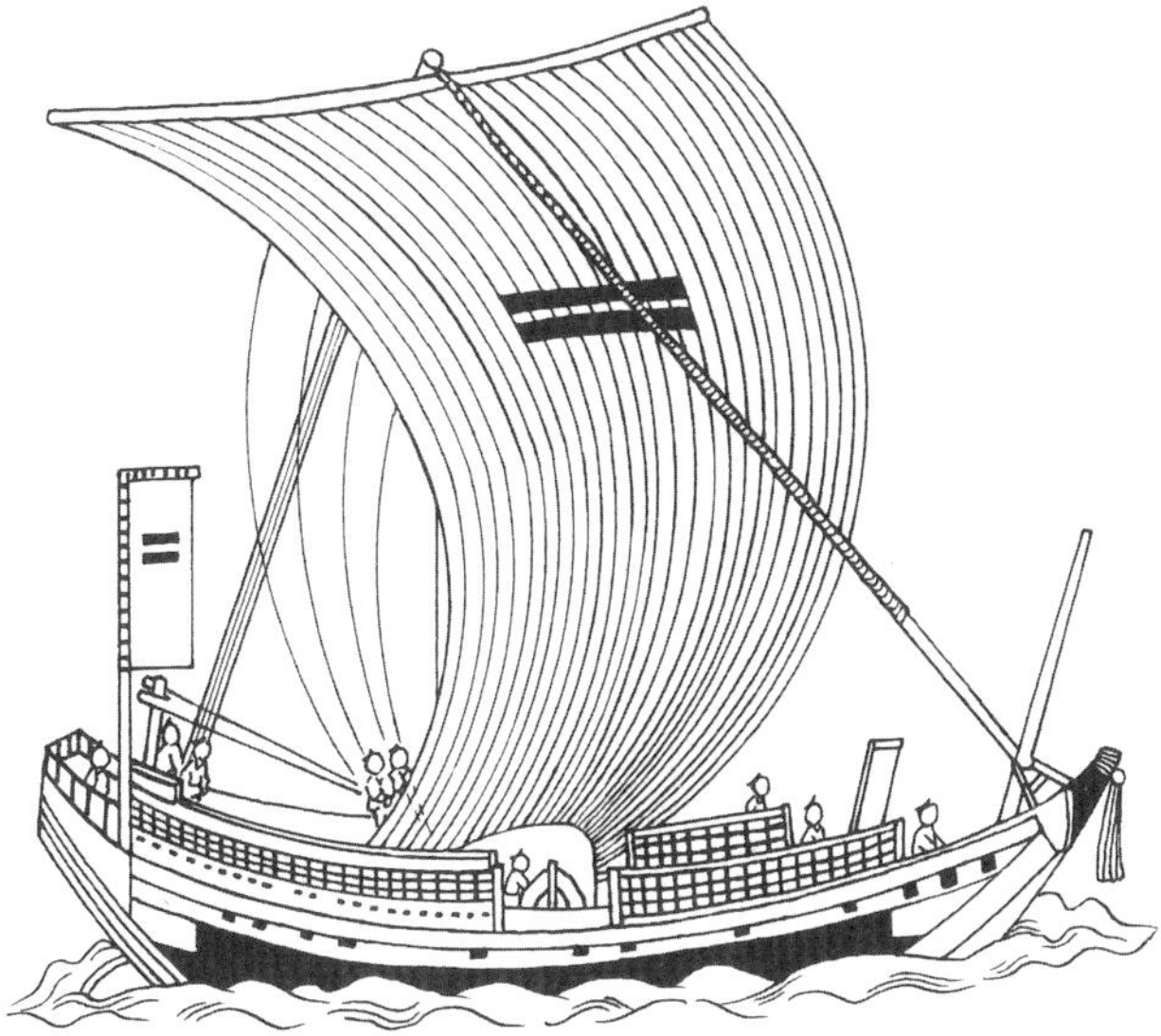

満帆の千石船

紀国屋文左衛門の豪商振りと千石船の偉容を思い浮かばせる有名な歌である。そのためであろうか、我々は千石船について巨大すぎるイメージを持っているようだ。こゝで船の構造を外形的に描いてみよう。

全長は約二五mで、船首と船尾の突出部分を除いた胴の長さは約一六m位である。幅は最大部分で約七・四m、喫水（水深）は約二・五mという姿である。電車一輌分位であると考えてみると、思ったほど巨大ではない。問題は帆であって、帆柱は一本に制限されていたため意外に大きなものが必要でありその高さは二五m程、帆は木綿二五反を張り合わせたもので幅一九m、長さ二一mに及んだ。満帆のときは船の二倍程の大きさになるので、千石船は実体以上に大きく見えたのである。だが、帆を降ろし帆柱を寝かせばさほど大きなものではない。とすれば停泊させるのにさほど広い場所は必要としなかったと思われ、小浜での停泊は可能であったと私は考えている。

これに関連して興味ある文書が見つかった。明治時代に入ってからのものであるが、地元の白子町から港の件で新政府へ上申した書面に、江戸時代には「入港ノ船ヨリ千石（船）以上ハ鳥目（使用料）五百文ヲ出サセテ」港の維持修理を行っていたが、今はそれも叶わず困っていると訴えている。千石船はやはり小浜へ出入りしたり停泊したりしていたといえるだろう。

いま一つ白子港の特徴がある。港に出入りする千石船のすべてが白子廻船問屋所有のものではなく、伊勢の海をへだてた対岸知多半島の野間、内海《うつみ》等の諸港の廻船が船籍を白子港に置き白子廻船問屋の傘下に入って運行していたのである。これは白子港が紀州藩の統治下にあったため、廻船に藩米と其他の物産（主として木綿）とを混載することによって御用船と認められ、江戸入港に先きだつ浦賀番所《ばんしょ》の取締りを極めて円滑に済ませることができ、また難破した場合の船荷の扱いにも特権が認められていたからであった。

以上を総合して、白子港の姿を描いてみよう。金沢川の河口と、それから伸びた砂州で囲まれた内海と人工の堀切川の河口とが一体となって形成されたのが白子港であった。江島の小浜から堀割があって、金沢川口の千代崎港まで小舟が入れる様になっていたらしいという説もあり(南千代崎在住の濱中克巳氏談)、白子港は広義ではこの間の約四粁の地区を包含し、狭義では小浜であったと考える。小浜は余り広い港ではなかったけれども、二〇〜三〇艘の千石船や小型和船や艀《はしけ》が停泊するには充分だった。

しかし江戸の木綿問屋から廻漕の指令が来れば、小浜での混雑を避けるために千石船は内港から外へ出ると共に、傘下の知多半島の諸港の廻船も参加して、大海に勢揃いする。小浜に軒を並べた積荷問屋の倉庫から荷物が運び出され艀《はしけ》で運ばれてそれぞれの千石船へ積みこまれた。人びとの掛け声も勇ましく大きく、艀どうしは相手に負けじと競争する。千石船は船頭以下が希望に胸をふくらませて立ち働いている――こんな光景が眼に浮ぶ。

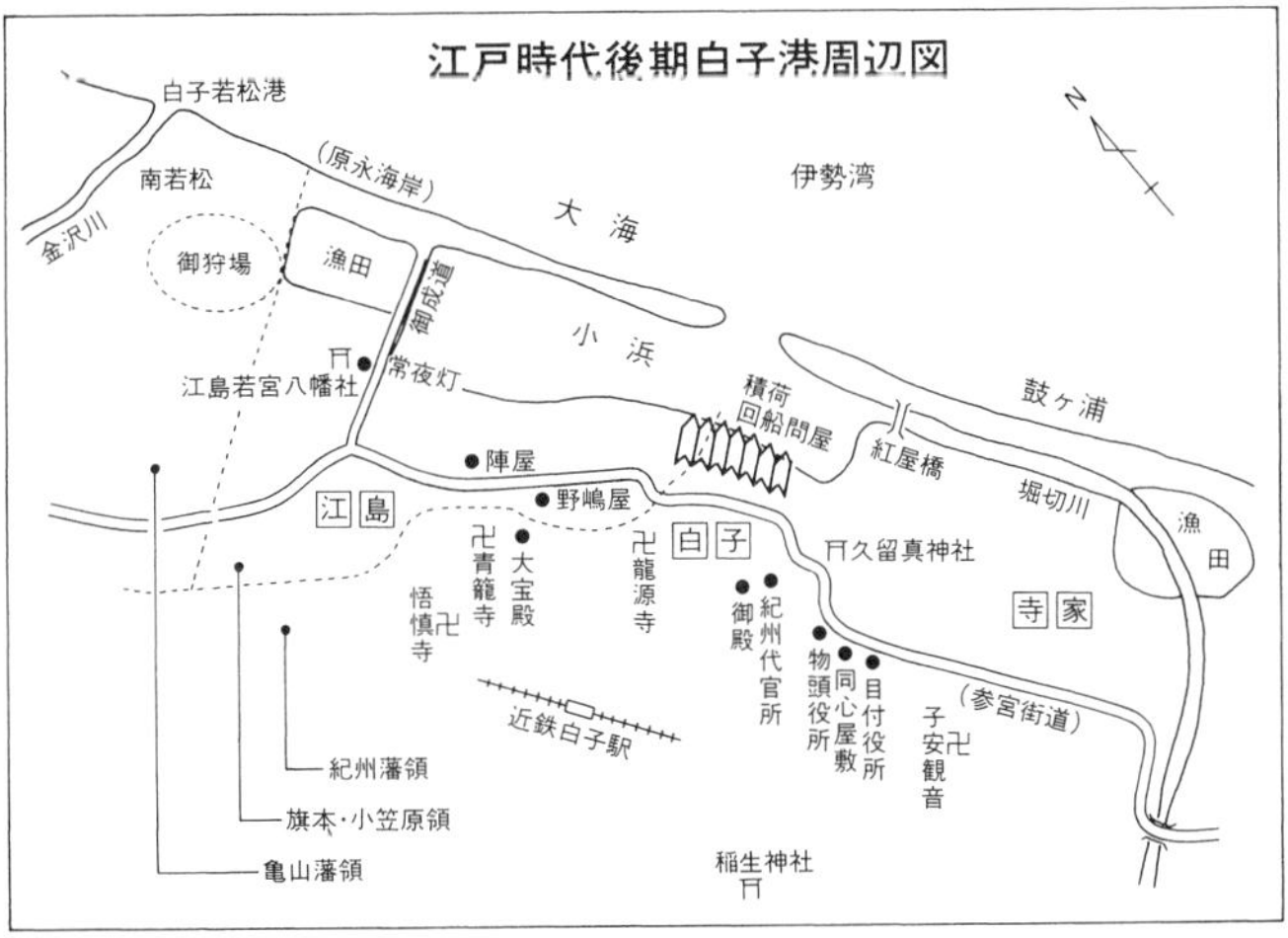

白子港は、停泊と積荷、地元廻船と他所廻船、それぞれに応じて使い分けられた内港（小浜）と外港（大海）とを持った、複合港ともいうべきものであった。

4　木綿の道―産地から白子港へ

白子港は大阪と並び称せられる木綿の積出港であった。その木綿は、どのような経路を経て白子に集ったのか。

地元伊勢国で生産された木綿は、伊勢平野の海岸沿いの農村で栽培されたものを農家の子女が副業として織ったものである。現在の鈴鹿市周辺で織られたものを神戸《かんべ》木綿、津市周辺で織られたものを伊勢木綿、松阪市周辺で織られたものを松阪木綿と呼んだが、江戸向けに出荷するときは、すべてが松阪木綿とされ、その特徴である縦縞《たてじま》入りの反物は「縞木綿」の名で全国最高の品質と評判を得ていた。縞木綿のデザインのルーツは安南（ベトナム）だとされている。実は家康渡海に働いた松阪の角屋《かどや》一族の七郎兵衛が朱印船で雄飛して定住した安南から、故国へ送って来た柳条布《りゅうじょうふ》に由来するものであったというから、不思議な因縁を感じさせられる。

木綿は農家の子女の内職であり、大切な現金収入をもたらした。松阪地方に次のような俚謡が残っている。

　機《はた》の織りくら　負けたら恥や
　糸の切れるは　なお恥や

一生懸命に織って、一年間に約五〇反、現金にして五両ほどの稼ぎになったのであろう。

庭先で仲買人に渡された木綿は、松阪を中心とする南組木綿問屋、又は津・白子を中心とする北組木綿問屋へ集められたあと、白子の積荷問屋へ送られた。

江戸からの積送指令が来ると、白子廻船に積み込まれて、大伝馬町組又は江戸白子組という二つの木綿問屋仲間へ向けて船出した。その流通経路の概要は、次の図解のとおりであった。

伊勢国産木綿流通経路図

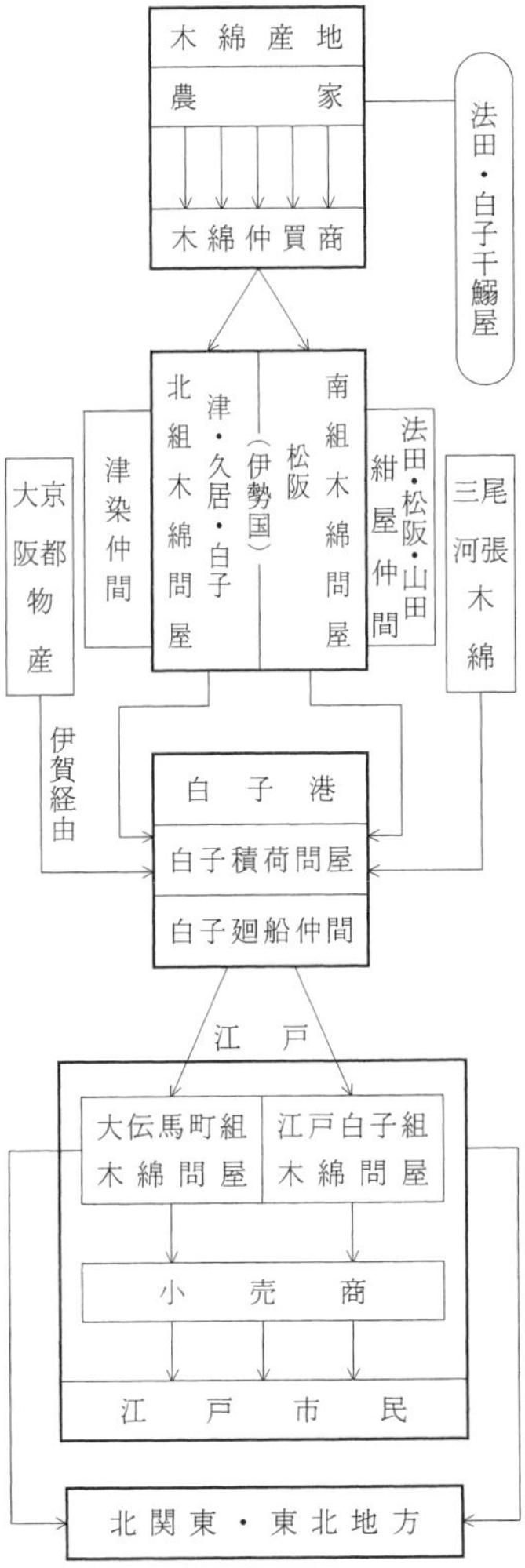

では、前述の江戸入津木綿三六〇万反のうち明白となっている大阪港積出し一二〇万反以外の、不明分二四〇万反を追跡してみよう。（前述二七頁）

伊勢国で織られて、江戸へ送られた木綿はどれ程あったのか。わずかに残る史料から拾い出してみよう。この表は三井本店の記録にあるもので、松阪の南組木綿問屋に所属する十数軒分の集計である。

松阪木綿積出量

和暦	西暦	積出反数
明和4	1767	401,750
5	1768	392,600
6	1769	355,600
7	1770	395,100
安永7	1778	553,075
8	1779	531,765
寛政1	1789	561,850
2	1790	563,100
4	1792	556,750
5	1793	552,659
8	1796	395,100
9	1797	526,180
11	1799	471,330
12	1800	349,850

最高数量は寛政二年の五六万反余である。前述のように一人で一年間に約五〇反が織られたとすれば、この地域で機織りに従事した織子の数は一万人ほどであったと推定される。さらに、北組木綿問屋の扱い量が加わることになるが、残念ながらその数量は分からないけれども、白子港に集荷された木綿は、松阪木綿を含めて伊勢国産だけで一〇〇万反近くに達したのではなかろうか。

それだけではない。尾張国の知多木綿の移出量は四〇万反ほどあって白子港経由で江戸へ廻送された記録がある。また時期によっては「笠置廻し」といって大和方面からも伊賀越えではるばる送られたこともあった。

さらに日本屈指の生産を誇った三河木綿は、矢作川河口の平坂《へいさか》地区の買次問屋へ集められて江戸へ送られた数量が一万箇に達した（寛政三年一七九一）という文献（碧海郡誌）が見つかった。一箇一〇〇反の荷造りであるから、百万反ということになる。平坂港の買次問屋は、大伝馬町組の系列下にあったから、この荷の大部分は白子港経由と考えるのが妥当である。

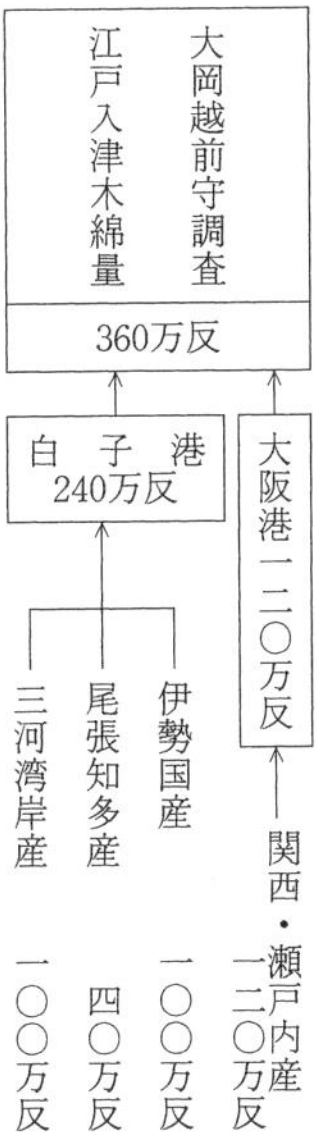

分かりやすく整理すれば右のとおりである。

白子港が大阪港の二倍も多くの木綿積出しを行ったということは、にわかに信じ難い気がしないでもないが、こゝで一つの推計をしてみよう。一艘の船で運ぶ木綿は原則として六万反以内に制限されていたが、大伝馬町組長谷川の寛政年間の実績

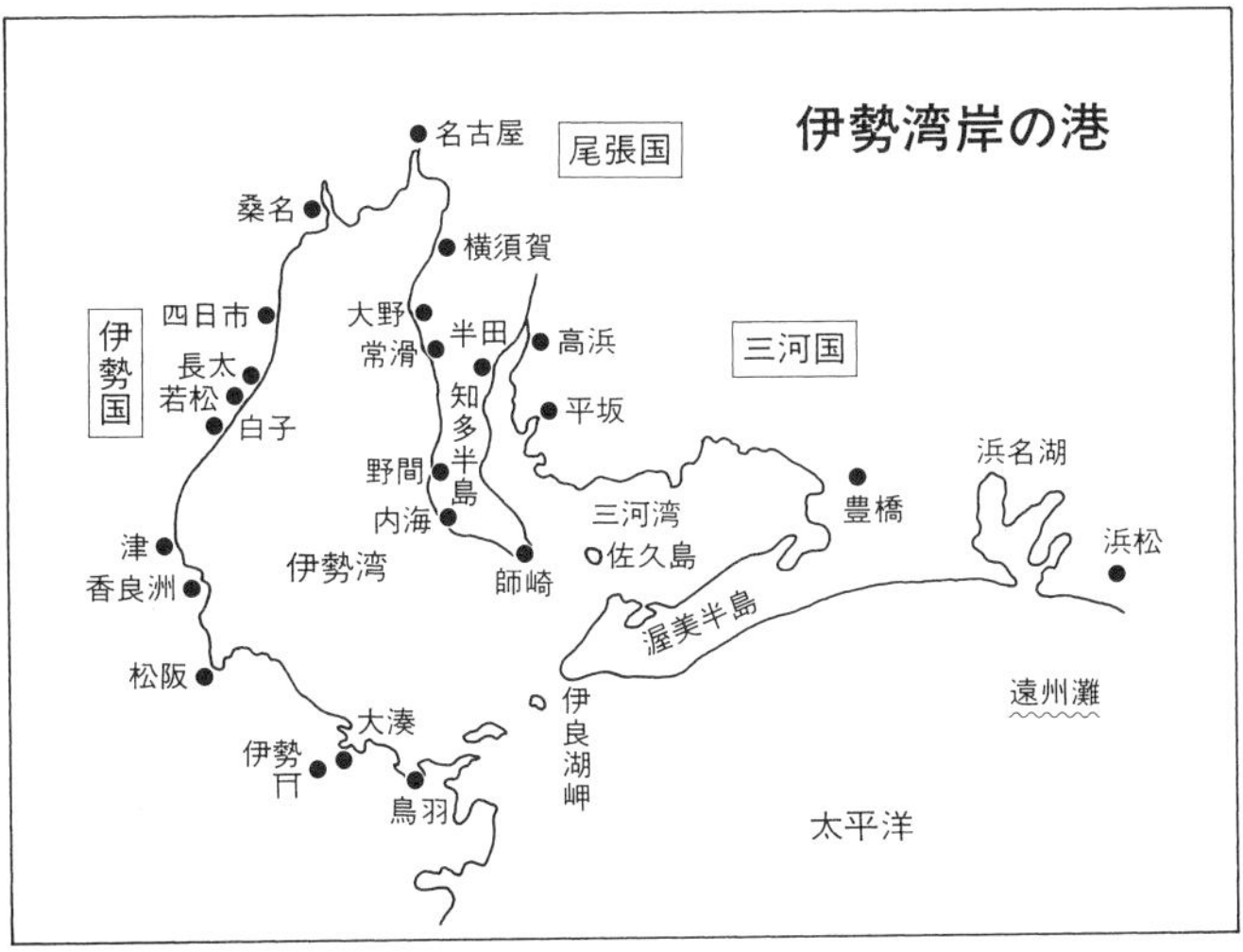

は、記録のある白子廻船四例の平均によれば三万八千余反であった。また寛政十二年に就航していた白子廻船数は二〇艘位となっていて（六二頁参照）夫々年三〜四回江戸へ往復した。これらをもとに算出した木綿移出量は年間二二八万反〜三〇四万反となり、大岡調査と近いものであることが分る。

白子港がこんなに凄い木綿移出港であったことに、改めて驚ろかされる。白子の賑わいが目に見えるようである。

船数より推計した移出木綿量

1	寛政12年の就航船推定	約20艘
2	木綿荷１艘当り 3.8万反×20艘＝76万反	
3	船は年３〜４回江戸へ往復	
	3回とすれば　76万反×３＝228万反	
	4回　〃　76万反×４＝304　〃	

5　紀州藩の役割

上方より江戸に至る綿の道の、例えば扇の要を占めたのが大阪と白子であった。白子が伊勢平野の豊かな物産の集荷と海運に適した自然的条件に恵まれていたことは既に述べた通りであるが、伊勢湾岸で最高の優位を得ることができたのは、紀州藩の隠然たる力のおかげが大きかったことを指摘しなければならない。

徳川頼宣が御三家の一つとして紀州和歌山に封ぜられ（元和五年一六一九）、その後伊勢国に一八万五千石の所領を得て、外様の大大名藤堂藩を南北から囲み、三ヶ所に奉行所を設けたのが寛永十一年（一六三四）であり、寛政十一年（一七九九）には代官所を置くに至った。その領地と石高は次のとおりであった。

田丸地区　六三、九九一石余
松阪地区　七三、二四五石余
白子地区　四七、八〇二石余

また江島には紀州藩重臣小笠原胤次《たねつぐ》が二五〇〇石を賜わって陣屋を構えた（享保元年一七一六）。白子代官の組織は、代官三百石二十人扶持・所員七名、他に目附二百石～二百五十石でいわば代官以下に対する警察役を勤め二年交代制、物頭《ものがしら》が三百石～四百石で地元統率という役割分担で藩領を治めていた。その地つゞき江島が旗本小笠原領となっていた。

代官の役目は、まず白子地区の統治であり、大きなものは藩米の確保であるが、この地の特産で日本国中百パーセントの市場占拠率を持った伊勢（白子）型紙の殖産奨励と、藩米と木綿を江戸へ廻漕する白子港の管理であった。

従って、伊勢参宮街道に面して形成された白子（江島・寺家を含む）は人びとの往来も盛んであり、年代不詳の記録図によれば旅籠《はたご》十一軒、酒屋四軒があったことが示されている。

紀州の殿様が参勤交代で往来する道順は、和歌山から紀ノ川沿いに大和・五條を経て高見峠に至り（こゝまでが伊勢街道）櫛田川沿いに松阪へ下り（これが和歌山街道）伊勢の神社港へ出るか四日市へ出るか二コースに分れて船を利用し三河湾の吉田に至ったという。四日市に至る途中の白子では代官所近くの御殿で休息をとり、時には白子山観音の不断桜や青龍寺の不時桜など、四季を通じて花を咲かせた名木をめでたこともあったろう。青龍寺の「不時桜」は、吉宗（のちの八代将軍）が鷹狩りにこの寺に逗留したとき命名されたという。

鷹狩りといえば、江島神社の東北部地帯は亀山藩（石川氏）の領地であるが、鶴が多く飛来したので紀州公の御狩場に利用されたものである。鶴の面倒見を担当した鳥見役人が各村に配置され、鶴のことだけでなく村民の動勢を探っていたこともあって、人びとから恐れられたという。

代官所の場所は、現在の白子小学校地内にあった。このあたりは、私の子供の頃の思いでに連なる。夏休みになると「海浜学校」なるものが開設され、どういう訳か他所の私が白子小学校の有志と共に校舎で生活をしたことがある。毎日、鼓ヶ浦海水浴場へ泳ぎに行くのが楽しかった。先生の先導で列をつくって、堀切川の橋を渡って白砂青松の浜で時を過ごした。その橋の名は紅屋《べにや》橋。白子代官所から罪人を鼓ヶ浦の刑場へ舟に乗せて送る役目をしていた漁師の紅屋が、舟送りを避けるために堀切川にかけたという。舟の汚れを嫌う縁起のためとも、また今生の見納めに橋の上から白子の町を見せてやる心づかいとも言われている。処刑された罪人の墓は悟真寺にある。

舟送りの話は、森鷗外の作『高瀬舟』で京都の高瀬川を曳船で送られた罪人のことを思い出させるし、橋の話は水の都ヴェネチアで獄舎に下る罪人が運河にかけられた「ため息橋」を渡ったという光景を想い描かせる。いま白子港近くの堀切川に新旧二つの紅屋橋がかけられている。

街道の旅籠で昔の面影をわずかに留めているのが野嶋屋である。当主の野嶋衛氏は私の中学時代からの親しい友人である。道に面した軒に青海波と船の絵馬が残されている。昔の調度品や宿帳などをゆっくり拝見したいのであるが、氏は東京在住のため容易にその機会に恵まれない。時折り帰省されたとき、私を伴って史蹟案内をして下さった。

大宝殿（天）社は天武天皇の大宝年間（七〇一〜七〇四）に創建され、弘法大師修道の場であったとか江島の御厨の地であったとか伝えられているが、その跡地がひところ野嶋屋の敷地内に入ったこともあり、当主が「大宝殿跡」の記念石柱を設置されている。

伊勢参宮街道を通った人びとは多い。なかでも江戸時代にはゞ六

紅　屋　橋

野　嶋　屋

子安観音寺の仁王門

○年おきに数百万人の群衆が伊勢神宮へ押しかけたお蔭参りがあった。十返舎一九の『東海道中膝栗毛』で、弥次さんと喜多（北）さんも通っている。桑名、四日市をすぎて「矢ばせ村（鈴鹿市矢橋町）といふにいたる。……それより玉垣をうちすぎ、白子の町にいたり、福徳天王（栗真《くるま》大明神）をふしおがみつゝ、子安観音の別れ道にて、

風を孕《はら》む沖の白帆は観音の
　加護にやすやす海わたるらん

この宿をすぎて、磯山といえるに着く。」

港に出入りする千石船の安全渡海と、子宝（孕む）・安産（やすやす生み）の祈願をする観音寺とを面白く組み合わせた歌に感心する。

廻船問屋の昔を偲ぶ屋敷は殆どなく主な廻

船問屋の墓は、悟真寺には白子兵太夫家、倉田太左衛門家、小川屋市兵衛家などの墓があり、青龍寺には竹口次兵衛家、久住《くすみ》五左衛門家などの墓がある。また昔の面影をとゞめる久住家屋敷の豪壮さに歴史を偲び、竹口家屋敷跡は野嶋氏の子供の頃の遊び場所で、旧港小浜に面したところには「舟つきの松」という入港目じるしの樹令三百年の古木があったというが、昭和二十年代に枯れてしまって、今はない。

こゝで紀州藩が白子の商業活動に果たした役割にふれてみたい。

廻船業に対して、すでに述べた通り伊勢湾諸港の中で唯一の紀州藩指定の権威を与えて、江戸廻米や木綿を積んだ廻船には紀州御用の旗、提灯を掲げさせ、竹口家等積荷問屋の送り状を持たせることにより、江戸入港に先立つ浦賀番所（一種の関所）を円滑に通関させる効果を持たせた。

また白子型紙は衣服の柄を染める渋紙に紋様を彫りつける有名な地場産業で廻船業に匹敵するほどの産業であり全国的に株仲間として独占営業が保護されていた。白子・寺家地区が紀州藩になった元和年間に、業者の特権を保証する「絵符《えふ》」「駄賃帳」が下付されたといい、正中年間（一七一一年代）には「通り切手」を交付した。それによれば人馬賃が武士公用荷と同じ「御定賃」が適用され、一般賃金の約半額で済んだという。型紙はその性質上、廻船によらず、陸路を馬によって運ばれていたので、駄賃の特典は大きかった。

型紙産業は現在も三重県の誇る地場産業として高く評価されているが、人間国宝として指定された型彫り職人も数名に減り、後継者難の状態にあり、また需要の変化で新らしい道の開拓が模索されている。江戸時代最大の型紙問屋寺尾家は連綿として今に及んでいるけれども、すでに問屋業は廃止されており、貴重な文献や資料は、鼓ヶ浦にある伝統産業会館に保存されている。町屋建築の家屋は文化一三年（一八一六）頃の建造で市文化財の指定をうけ、近く「伊勢型紙資料館」に生れ代るという。

廻船にしても型紙にしても、いわば紀州藩の権力を背景とした独占体制のおかげを受けたものであるから、その見返りとして冥加金《みょうがきん》（上納金）を献上した。また天明の飢饉には廻船問屋は藩領民の困難救済のため、御用金約二〇〇両を、五年賦・無利子で用立てるなど協力を行っている。

6　木綿の道――白子港から江戸へ

江戸の木綿問屋仲間から、木綿運送の回状が届くと、白子港は俄然活気づく。その日を期して、小浜に停泊していた千石船は外へ出て大海に竝ぶ。対岸の知多半島諸港からも白子船籍の千石船がはせ参じる。積荷問屋と大海との間に、おびたゞしい艀《はしけ》が行き交う。

このような港の光景は、いつ頃から始まったのであろうか。残念ながら適切な記録が見当らない。私は推理を組みたてゝみた。

江戸大伝馬町に、はじめて四軒の木綿問屋ができたのが寛永二年（一六二五）であるが、この頃は未だ大量輸送の必要はなかったろう。三井家の祖高利《たかとし》が母から餞別に貰った十両の金で木綿を買い、馬の背に乗せて江戸へ出たのがその十年後だった。江戸の人口膨張→庶民の生活水準の向上→木綿需要の増加をうけて、大伝馬町に伊勢出身の木綿仲買人が次第に増加した。彼等は木綿産地伊勢国と直結していた強みで経営力をつけ、ついに貞享三年（一六八六）一挙に七〇軒が木綿仕入問屋に昇格した。その大部分は伊勢出身者であったといわれているが、その屋号の中に久住屋清兵衛、久住屋忠太夫、白子屋七右衛門、若松屋平兵衛というのがある。久住とか白子とかは後に白子廻船業で名の出る人と同じ屋号であり、若松は白子港つゞきの地名であるので、関係のある家系かも知れないが、事実関係は謎である。

この頃ともなれば、荷物輸送は馬では間に合わず船の利用が急激に増加した筈である。才覚と行動力に富んだ伊勢商人・河村瑞賢が、日本の海路を整備して東廻り航路（仙台方面から江戸へ）を設定したのが寛文十年（一六七〇）であり、ひきつゞき西廻り航路（秋田から日本海、瀬戸内海、大阪経由で江戸へ）を設定したのがその二年後であった。日本の本格的な海運時代のはじまりだった。天下の台所・大阪から日本の胃袋江戸への物資の大量輸送が始まったのである。

ところが海運には避けられない海難や、悪質な船員の荷物の横流し等が多発して、廻船業者と江戸の荷主（問屋）との間の紛争が絶えなかった。この対策として江戸に「十《と》組《くみ》問屋仲間」という交渉団体が組織され、大阪の廻船と特約を結んで「菱垣《ひがき》廻船」が運行することになった（元禄七年一六九四）。

しかるに、大伝馬町木綿問屋仲間は、これに加わることを拒否したのである。そのいきさつを大伝馬町の有力問屋川喜田の十六代目久太夫（陶芸家半泥子）がこう述べている。

「元禄年間、十組問屋仲間の行事（総代）から共同積荷を勧誘されたが断っています。このため大阪の日野屋九兵衛と歌屋庄右衛門という廻船問屋を取り立てて、自らの手船として木綿を運搬しました。それだけでなく自分たちの手でズバリ「太物丸」という千石船を建造し（文化四年一八〇七）日野屋に依頼して木綿を満載し、翌年正月吉日に江戸へ廻漕したこともありました。伊勢衆の心意気を示した快挙でした。其後元文年間（一七三六から一七四〇まで）に、菱垣回船が分裂して古方《ふるかた》と仮船《かりぶね》方（約五〇艘）に分かれましたので、大伝馬町組も手船を率ひて仮船方に客分として加入したようです。」

こゝで注意したいのは「手船」という用語である。恐らく特約によって定雇いとなっていたのではなかろうか。

七〇軒の木綿問屋が成立した貞享三年（一六八六）に、従来から必要に応じて定められていた申合わせを集大成して六十五ヶ条にまとめたものがある。その中に、大阪、伊勢、岡崎、西尾の各地廻船で送られた木綿と他の廻船の荷物に混載して来た木綿とは受取方法が異なる条文があるところをみると、木綿問屋の系列下の手船がこの頃に相等活動しており、木綿産地に対する統制力が及んでいたことをうかゞわせる。

元禄四年（一六九一）になると大伝馬町の問屋たちは行持頭・村田清次郎の名をもって「問屋衆江《へ》申遣《もうしつかわし》候覚」を発して、伊勢・三河の荷主たちは大伝馬町組の木綿荷の中に他所のもの（脇荷）を積入れないこととしている。

そして元禄十七年（一七〇四）行持頭から白子の廻船業者・白子兵太夫に対して「連状」（書状）が出され、大伝馬町組以外との取引を兼ねることを禁止し、もしこれに違反するならば今後は、木綿荷物を集荷するための為登金《いときん》（前渡金）を打ち切るという強い意向を伝えている。したがって元禄時代には、江戸木綿問屋の荷物を取扱う積荷問屋と廻船問屋が白子港に出来ており、菱垣廻船の伊勢湾版が成立していたといえよう。

この指示で「他所」として排斥をうけているのは、大伝馬町組のライバル江戸白子組木綿問屋であることはほゞ間違いないと思われる。

江戸には大伝馬町組の他にもう一つの木綿問屋仲間があった。彼等は主として呉服屋（絹物）を母胎として木綿の扱いに進出したものであって、大伝馬町組を正統派とすれば、後発派であって「江戸白子組」と称していた。白子出身の伊勢商人という訳ではなく、白子港より木綿の運送をうける一派という意味で、その中心人物には伊勢商人の三井、竹川、伊豆蔵などがいたが、他国出身の白木屋、大丸屋なども加わっていた。

大伝馬町組と江戸白子組とは、木綿独占を固守しようとする旧勢力と、それを打破しようとする新勢力とを示すものであった。その勢力が増大したため、両組は永年の間紛争を続けていたが、遂に大伝馬町組が木綿問屋の独占権を認められたいという訴えを起したのが宝暦元年（一七五一）である。幕府による裁決が下されたのが宝暦三年で、江戸白子組は木綿問屋としての活動がほゞ従来通り認められた。この結果、木綿に関する江戸両組の独占体制が確立して、白子廻船問屋は、江戸両組のいずれかの系列に属せざるを得なかった。

白子廻船に関する記録として量質ともにすぐれているのが積荷問屋兼廻船問屋の竹口次兵衛家の文書『書状留』等で、宝暦四年（一七五四）から文化七年（一八一〇）まで六〇年近い記録が残されている。竹口家文書やその他史料をもとに、白子廻船問屋の氏名一覧表を掲げてみよう。時代の推移で変転した者もあるが、時期も特定しないものであることを前提として、江戸木綿問屋両組の系列に分けたものである。

（大伝馬町組系列）	（江戸白子組系列）
○白子兵太夫	○竹口次兵衛
○河合仁半次	久住五左衛門
○倉田太左衛門	小玉六兵衛
山中屋忠助	油屋久市
久住《くすみ》屋吉兵衛	木本清兵衛
清水清兵衛	松野源三郎
一見勘右衛門	綟子屋八兵衛
綟《もじ》子屋七左衛門 →	同　吉兵衛
同　栄蔵 →	海保太右衛門
同　清七 →	安野治左衛門
	清水治左衛門
同　武右衛門	一見屋仁兵衛
同　太治郎	同　源右衛門
	小川屋市兵衛

松屋八兵衛
三松屋覚右衛門 （○印は積荷問屋兼営
伊勢屋又四郎 　↓印は後に大伝馬町組より江戸白子組へ移籍）

荷物は木綿のみということはなく、藩米等との混載であって、舟積みが終れば、千石船は江戸へ向って出港する。一艘の乗組員は、一五名前後であるが、船頭は各問屋の指名をうけた者で大きな権限を持ち、それにふさわしい人物であった。

船は鳥羽港で風待ちをし、順風を見はからって出航した。風待に意外な日数を要することもあって、鳥羽の町は船員で賑わうことも多かった。

難所と恐れられた遠州灘を無事に抜ければ伊豆半島を廻って浦賀番所に着く。紀州藩の旗と提灯、積荷問屋の送り状と、倉敷公式検印のある白子廻船は簡単に通航を認められて江戸に入る。茅場《かやば》町の問屋坂倉家の検査をすませた上で、木綿は夫々の問屋へ引き渡された。

木綿問屋街として有名な大伝馬町は、七

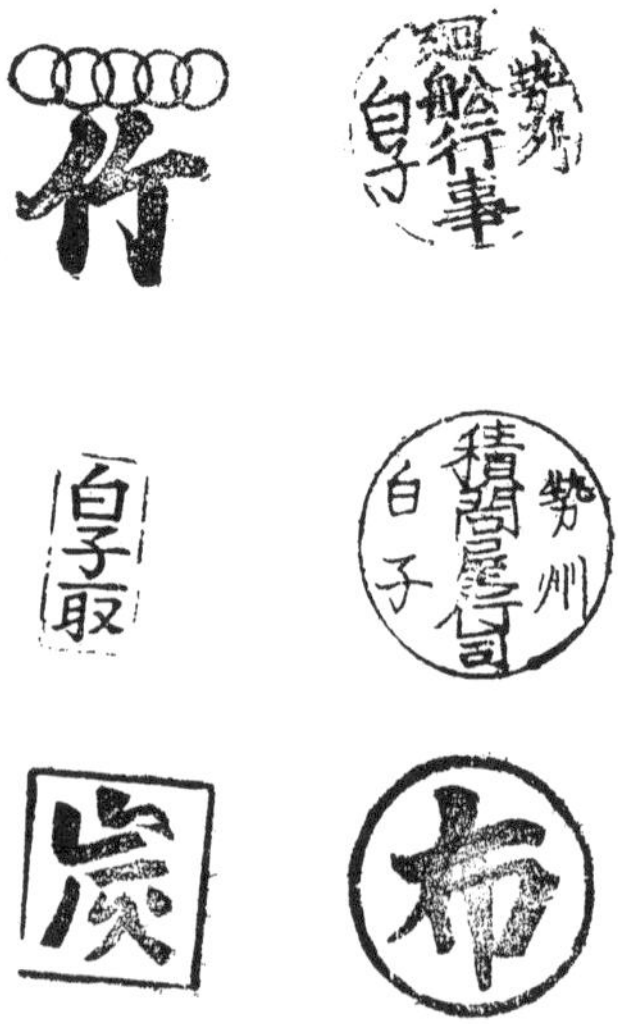

竹口家の商印（鈴鹿市史）

広重画・東都大伝馬街繁栄之図

四軒もひしめいていた店が年と共に整理統合されて、百余年後の文化年間（一八一〇年前後）には約二〇軒となり、長谷川、小津（共に松阪）、川喜田、田端屋（共に津）の四家の支配下に入り、いわゆる大店《おゝだな》となったので、その豪華な街並みと繁昌の有様が広重の浮世絵「東都大伝馬街繁栄之図」として描かれている。江戸市民に届けられて、木綿の旅は一応終ることになる。

　しかし木綿の道はさらに遠くまで伸びていた。木綿の一部と繰綿（加工前の綿）の大部分は江戸川、利根川、鬼怒川を川舟に積まれて北上をつゞけて、下総《しもふさ》（茨城県）の結城町や常陸《ひたち》（茨城県）の真壁へ、福島へ、そして二つに分れて一方は仙台から南部（盛岡）へ、他方は米沢、山形を経由して最上（山形県）に行き着き、その地の女性の手で布に織りあげられたのであった。

　白子廻船の帰路は、空船ではない。伊勢国の木綿栽培や農作に必要な肥料・干鰯《ほしか》などを運んで白子に向う。無事航海を終えるに要する日数は、長短さまざまであったが、おゝむね三〇〜四〇日を要した。

3

白子廻船の光と影

江島神社絵馬・大宝殿と港町

1　港町の賑わい

白子港は伊勢湾岸の木綿の集荷と積出しの指定港として、元禄年代から脚光を浴びていた。元禄時代は経済の高度成長期であったので、木綿需要の伸長と共に白子廻船も増加し好景気に湧いたことは間違いない。廻船問屋が稼いだ船賃収入は、年間五～七万両（五〇億円～七〇億円位）ともいわれている。

元禄時代のあと約六〇年たった明和八年（一七七一）になって、廻船問屋所属の千石船の名が判明する。中田四朗氏の研究によるものに、筆者が両組所属を加えたのが次の表で、嘉永五年（一八五二）までの間に七二艘となっている。大伝馬町組の造船が文化十一年以後出て来ないのは史料欠落もあろうが白子兵太夫が江戸へ移住したことも影響しているのではなかろうか。

前に述べた大伝馬町組と江戸白子組との二系列に区分して、夫々○印をもって表示してあるが、綟子屋清七ら数名が途中から大伝馬町組から江戸白子組へ移籍しているので、この区分は正確なものとはいえない。また造船のすべてが網羅されているとは限らない。この表が、白子港にかくも多くの千石船が姿を見せていたのだという理解の一助となれば幸いである。

白子港における廻船建造の年次表と所属

	年　　次	船　名	積　石	船　　元	江　戸 白子組	大伝馬 町　組
1	明和 8.10			油屋又市	○	
2	〃　〃			杉崎八兵衛	○	
3	安永 7.11	幸勢丸		竹口次兵衛	○	
4	〃　9.11	〃		〃	○	
5	天明 2.12	神昌丸		一見勘右衛門		○
6	〃　3. 6			松野源三郎	○	
7	〃　3.11	栄寿丸	800石	白子兵太夫		○
8	〃　3.12	勢州丸		松野源三郎	○	
9	〃　5. 4	宝寿丸		小玉六兵衛	○	
10	〃　5.10			久住五左衛門	○	
11	〃　5.11	幸広丸		綟子屋清七		○
12	〃　6.10	幸運丸	950石	白子兵太夫		○
13	〃　7. 1			竹口次兵衛	○	
14	〃　8. 1	若宮丸	900石	倉田太左衛門		○
15	〃　8. 5	勢徳丸		松野源三郎	○	
16	寛政元. 4	大龍丸		久住五左衛門	○	
17	〃　元.12	宮吉丸	950石	河合仁兵次		○
18	〃　2. 4	明神丸		竹口次兵衛	○	
19	〃　2. 5	宝寿丸		小玉六兵衛	○	
20	〃　3 .1	八幡丸		松野源三郎	○	
21	〃　4. 2	春日丸		竹口次兵衛	○	
22	〃　〃	宮徳丸	960石	河合仁平次		○
23	〃　4.10	神徳丸	1070石	白子兵太夫		○
24	〃　5. 7	永徳丸		松野源三郎	○	
25	〃　5.12	白山丸		竹口次兵衛	○	
26	〃　6. 8	幸広丸		綟子屋清七		○
27	〃　6.11	栄通丸	1050石	清水清兵衛		○
28	〃　7.10	幸宝丸	900石	綟子屋太治郎		○
29	〃　9.10	神力丸		小玉六兵衛	○	
30	〃　〃	住吉丸		竹口次兵衛	○	
31	〃　10. 6	徳重丸	900石	倉田太左衛門		○
32	〃　10. 7	権現丸		竹口次兵衛	○	
33	〃　12. 3	勢至丸		木本清兵衛	○	
34	〃　12. 6	中吉丸	950石	河合仁平次		○
35	〃　12. 7	春日丸		竹口次兵衛	○	
36	〃　13. 2	倖運丸	1100石	白子兵太夫		○
37	享和元. 8	松吉丸	900石	河合仁平次		○

	年次	船名	積石	船元	江戸白子組	大伝馬町組
38	享和元.10	春日丸		竹口次兵衛	○	
39	〃 〃	住吉丸		〃	○	
40	〃 2. 1	永徳丸		松野源三郎	○	
41	〃 3. 8	幸広丸		綟子屋清七	○	
42	〃 3.—	伊勢丸	1100石	河合仁平次		○
43	文化元. 6	喜悦丸(徳重丸)	900石	倉田太左衛門		○
44	〃 元. 8	権現丸		竹口次兵衛	○	
45	〃 5. 6	灘吉丸	1200石	河合仁平次		○
46	〃 〃	久吉丸	1100石	白子兵太夫		○
47	〃 〃	松吉丸	1110石	河合仁平次		○
48	〃 6. 8	幸広丸		綟子屋清七	○	
49	〃 7. 2	権現丸		竹口次兵衛	○	
50	〃 8. 6	栄嵐丸	950石	倉田太左衛門		○
51	〃 8.10	住吉丸		竹口次兵衛	○	
52	〃 9.11	弁天丸	850石	白子兵太夫		○
53	〃 11. 2	歓喜丸		三松屋覚右衛門	○	
54	〃 11. 8	春日丸		竹口次兵衛	○	
55	〃 12. 8	松寿丸		〃	○	
56	〃 12. 9	幸広丸		綟子屋清七	○	
57	〃 12.10	春日丸		竹口次兵衛	○	
58	〃 13. 6	幸徳丸		三松屋覚右衛門	○	
59	〃 13. 8	住吉丸		竹口次兵衛	○	
60	〃 13.11	松寿丸		〃	○	
61	文政元. 3			三松屋覚右衛門	○	
62	〃 元. 4	幸徳丸		〃	○	
63	〃 元. 8	幸広丸		綟子屋清七	○	
64	〃 2. 3	松寿丸		竹口次兵衛	○	
65	〃 4. 5	住吉丸		〃	○	
66	〃 4.11	幸広丸		綟子屋清七	○	
67	〃 6. 8	松寿丸		竹口次兵衛	○	
68	〃 〃	歓喜丸		三松屋覚右衛門	○	
69	〃 7. 6	幸広丸		綟子屋清七	○	
70	〃 7. 8			竹口次兵衛	○	
71	嘉永 4. 4	伊勢丸		伊勢屋又四郎	○	
72	〃 5. 3	〃		〃	○	
計					50	22

そして、次の白子廻船就航図は右の廻船年次表に出ている船を一艘づつ棒グラフで示したものである。

白子廻船（千石船）就航図

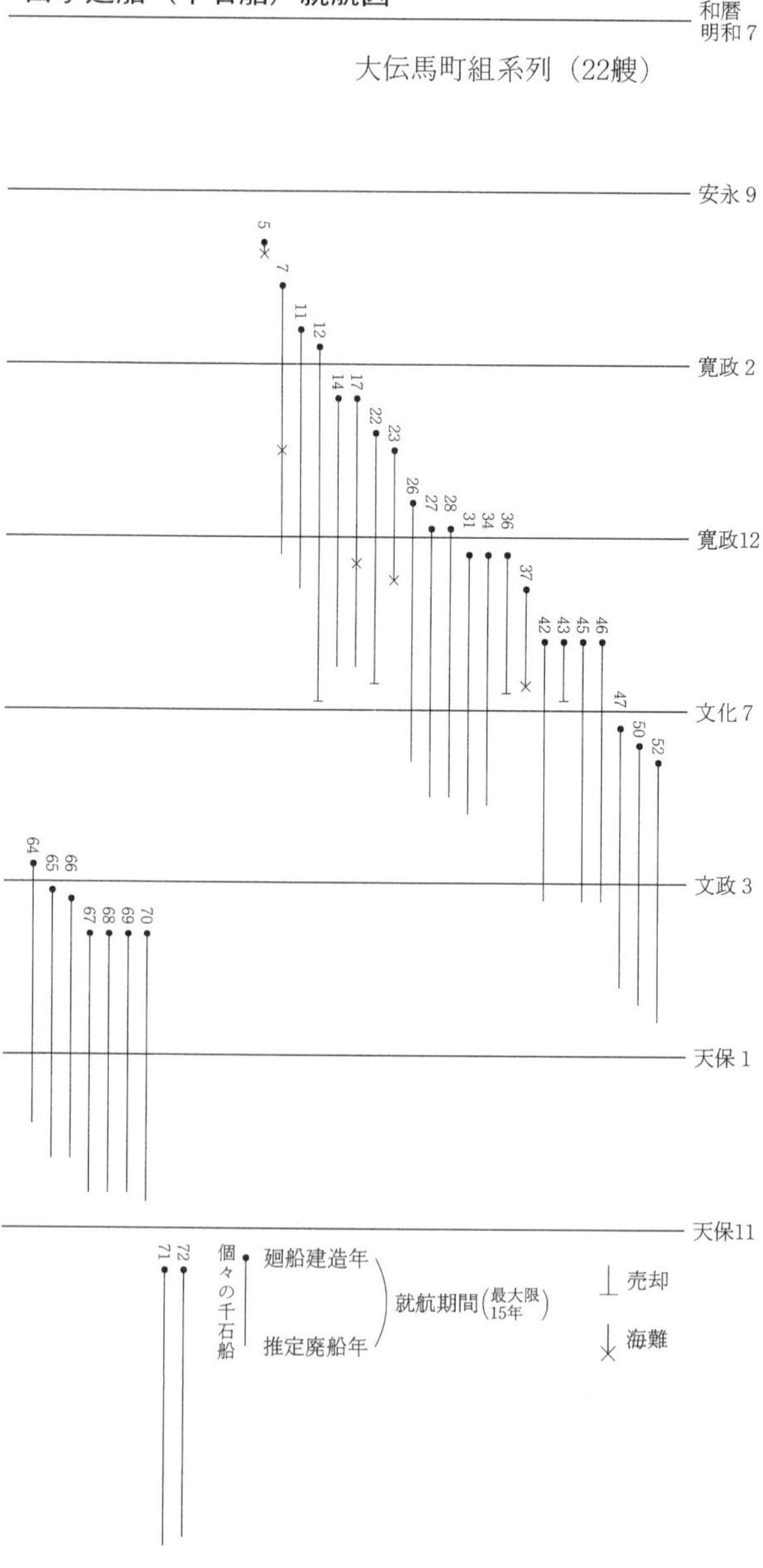

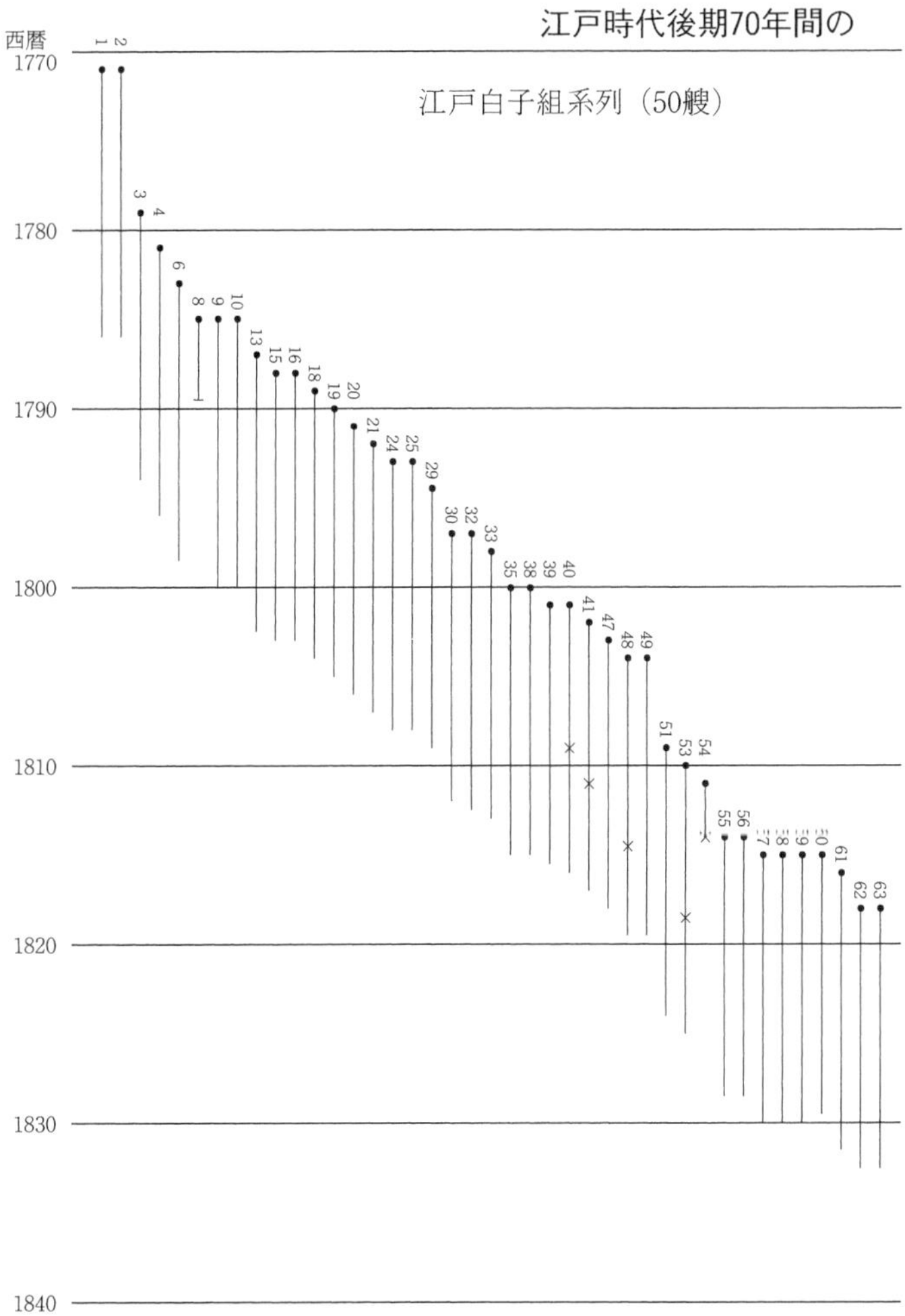

1853　ペリー浦賀へ来航（嘉永 6 年）

1867　大政奉還・明治維新（慶応 3 年）

グラフ左側には江戸白子組系列の廻船五〇艘、右側には大伝馬町組系列の廻船二二艘を納めている。造船年次の早いものから順にその数だけの棒が引かれていて、前出の年次表船名の番号順で例えば1は明和八年の油屋又市船、2は同年の松崎八兵衛船、3は安永七年の幸勢丸（竹口）、4は安永九年の第二幸勢丸（竹口）―以上江戸白子組系列であり、5は神昌丸（一見）で大伝馬町組系列である。以下同様の仕組みであるが、紙面の都合で船名の記入は省略している。

次に夫々の棒の長さはその船が就航したと思われる年数であって途中で売却されたものは⊥印で切り、海難に遭遇したものは×で示している。使用された船は一応十五年間就航したものとして棒を引いている。その理由は、当時は新造船の耐用年数は七年とされ、その後修理を加えて通算一三年をもって廻船就航期間とされていたので、若干の余裕をつけて一五年とした。売却、難破は他の史料から判明したものを記入しているので、実際はもっと複雑であろうが、本グラフは全体としての廻船就航状況を視覚で理解するための試みとして理解されたい。

概観して、大伝馬町所属の廻船に×印（難破）が多く見られるが、これも史料の関係で正確は期し難い。江戸白子組の廻船に、×印がつけられているのが少ないが難破したものが相当数あったように思える。

またグラフを年代線に横断し、棒グラフと交叉する船は、その年次に運航していたであろうと判断できる。例えば寛政十二年（一八〇〇）の横線と交叉する船の数は二〇艘余であったろうと推定できる仕組みになっている。

この表は白子の廻船問屋のみについてのものであるから、他の伊勢湾岸諸港の廻船で白子船籍を持っていたものは含まれていない。

次に目立つのが江戸末期には白子廻船の新造は次第に衰退していることである。これを補充したのが知多や三河の廻船であって、たとえば、半田の為三郎船、内海の日比六太夫船、佐久島の小三郎観音丸、同久次郎、久三郎の幸栄丸等が白子廻船に加入（白子船籍）している。

これらの大船団は、紀州藩米と共に江戸両組（大伝馬町組と白子組）の木綿、その他の物産を江戸へ送り届けたのである。

船荷については、まず大伝馬町組の有力問屋川喜田家（津市）の記録『物積《ものづみ》荷物出場所扱覚《でばしょあつかいおぼえ》』によってみたい。

白子三問屋（白子・倉田・河合）手扱之分

上《かみ》荷物　木綿、繰綿、布、蚊屋地、紙類、椀、菜種、並に小荷

桑名・四日市分

下《しも》荷物　木綿、繰綿、布類、紙類、越前蓑《みの》、竹皮、苅安《かりやす》（染料）、味噌、酒、油、酢、

飲物、石

大口・松崎（何れも松阪市）・川崎（山田、現在の伊勢市）分

下荷物　茶、御師《おし》荷、小荷品々

右の荷物区分で注目すべきは、白子三問屋扱いの分は船の上部に積み、万一海損が生じた時は大伝馬町仲間一同で補償することになっているが、他の五ヶ所分は船内下積みであって海損に対する補償はなかった。

また天明二年台風で難破してロシアへ漂流した神昌丸（船頭・大黒屋光太夫）の荷物は「紀州殿の廻米《かいまい》五百石并《ならびに》江戸の商賈《あきんど》等へ積送る木綿、薬種、紙、饌具《ぜんわん》（膳椀）等」であったと記録されている。

また三河国佐久島の幸栄丸と幸生丸は、白子港に船籍を持っており、安政年間から万延年間にたびたび江戸へ廻送しているが、その荷物の第一は木綿であって毎回六〇〇〜七〇〇個（一個は百反）、ほかに米、酒および桑名、四日市、津などの小荷となっている。

荷物の主力は当然紀州の藩米と木綿であって、改めて説明するまでもない。繰綿は前に述べたが、紡ぐ前の綿で、白子港から出荷されるものは極くわずかであり、殆んどすべてが大阪港からであった。

薬種はもちろん漢方薬であるが、伊勢国松阪は全国に知れた本草《ほんぞう》学者と漢方薬があった。将

軍吉宗の命をうけて丹羽正伯、野呂元丈、植村左平次らが研究にあたり、他の学者と協力して『庶物類纂』一〇〇〇巻のうち六三八巻を完成した。公式の薬草園は下総国（千葉県）に開設されたが、伊勢国で採集された薬草が江戸へ送られたのであろうか。

川喜田家の記録に御師荷が含まれているのは面白い。御師（おし又はおんし）は伊勢神宮の下級神職であって、全国各地へ神宮のお札、暦などを配付するほか伊勢路の物産を届けながら、伊勢講を組織してお伊勢参りの勧招を行った人々である。特に江戸時代に三回、ほゞ六〇年間隔で発生した「お蔭参り」という大ブームの仕掛人でもあった。伊勢路へ押しかけた大群衆は、宝永二年（一七〇五）四月九日から五月二十九日までの間に三六二万人余、明和八年（一七七一）四月から八月までの間に二〇七万人余、文政十三年（一八三〇）三月から六月二十日までの間に四二七万人余と記録されている。この人数はお伊勢さんの手前にある宮川の渡しで把握されたものであるから確度の高いものといえよう。信仰と観光を看板にした御師・旅行あっせん業者が、日本各地へ持ち運んだ産地直売品が白子廻船で運ばれていたのである。

紙と茶にも注目したい。伊勢商人は木綿に次いで茶と紙を有力商品として扱っており、松阪の小津家は江戸第一の紙問屋で四十余の店を持っていて、現在も日本橋本町三丁目（旧大伝馬町）に健在である。茶も伊勢国の特産であり、特に幕末頃には松阪出身の大谷嘉兵衛と津出身の中条瀬兵衛は開国論をかゝげて、茶輸出の先駆者として有名だった。

右にのべたものは江戸向けのものであって当時は「下《くだ》り荷」と呼ばれていた。上方からの江戸への下りという訳である。逆に帰りには江戸から各地の物産を積んで戻って来るのであるが、これを「上《のぼ》り荷」といった。上り荷は別の呼び方をすれば、「下らないもの」であって、当時は上方物産は上等であるが、その他の物産は劣っていて、下らないものとされたので、現在では由来を知らずに使用されている。

下り荷の木綿こそは、伊勢商人の活躍の目玉商品であったから、白子港即日本最大の木綿積出港といっても差支えないだろう。

三重県史によれば、白子港の木綿積出日は毎年六月二十日と定められていたとあるが、廻船の動きを分析すると出帆は江戸木綿問屋の指令日に行動しているので、そのような特定日は見当らない。その日は、ことによると白子港の木綿「番船《ばんせん》」だったかも知れない。番船とはその年最初に生産された品を江戸へ廻送する競争行事で、大阪港では酒と木綿の番船があり、選抜された数艘の廻船が勢揃いして、はやし太鼓で見送られて出帆。一番到着の船頭は赤襦袢一枚で踊りながら出迎えの問屋の船に乗りこんで祝酒と金一封を貰ったという。大阪と江戸間は普通二週間ほどを要する航程であるが、番船の早いものは三〜四日で到着したものもあるという。江戸っ子好みの行事といえよう。六月二十日は、白子廻船の新綿番船日であったかも知れない。

そうだとすれば、白子港もその日はお祭りさわぎをしたに相違ない。

帰り船（上り）も稼がなければならないので江戸方面の物産を持ち帰った。圧倒的なものが干鰯《ほしか》と〆粕《しめかす》であり、その他大豆、麦、麻、昆布、鰹節等があった。また船のバランスを保つために、上り荷が不足した時は木材や石を積んだという話もある。

干鰯と〆粕は、綿畑その他の肥料として移入され、それを取り扱った業者・干鰯屋は大きな利潤をあげたらしい。松阪在に次の俚謡がある。

伊勢の法田《ほうだ》（松阪在の地名）の干鰯屋さんは
千両万両の金を積む

松阪法田だけでなく白子港町も干鰯問屋が軒を並べて賑わった。その一つ児玉家に『干鰯仲間自法』（文政九年一八二六）という文書がある。それによれば、明和年代（一七六四〜一七七二）には仲間も多く結束も強かったが次第にそれが崩れ、安売競争などもあって衰亡するものがあるので、今後の商いに留意したい項目などが取りきめられている。連印した問屋十軒の名は、児玉六右衛門、三田屋八蔵、米屋五兵衛、鳥羽屋伊兵衛、河合仁平治、佐保屋定治、山崎藤五郎、白子屋卯兵衛、鎌井治郎兵衛であった。この中に廻船問屋・河合仁平治があるところをみると、専業の問屋や兼業の問屋があったらしい。

問屋は安値で困るといっているが、買手である近隣の農村では、金肥《きんぴ》（干鰯等現金買いの肥料）が高くて困るという事態があり、隣りの亀山藩では農民保護のための通達を出して、干鰯代金の現金安値仕入れのため、年利五％で立替払を行ったことがある。干鰯屋さんは、白子でも松阪の法田と同じように儲かっていたのであろう。

ところで白子港は、江戸航路のほかに、尾鷲、熊野、和歌山、大阪方面の紀州航路への役割も果した。勢州三領（白子・松阪・田丸）産の約十八万石の年貢米は、白子のほか白塚（津市）松ヶ崎（松阪）で船積みされ、藩御用達の回米船が運航した。白子の綟子屋《もじや》・杉崎八兵衛が御用米の特権を与えられ「紀の字」船印を保有管理した。

また一方、白子や北伊勢では薪炭に不自由していたので、白子代官の命によって竹口家が担当し、熊野や田丸領から運んだのであるが、土地不向きで大した成果は挙らなかった。

江戸向きの廻船以外のこれらについても相等重要で研究価値があると思われるが、私のテーマは木綿を中心に採上げているので、残念だが割愛したい。

白子の繁栄は寛政年間に頂点に達したとみられ、文化・文政年間の成熟期を経て下降線をたどった。天保十二年（一八四二）九月三日から十日まで行われた江嶋若宮八幡の盛大な祭礼は、最後の輝きではなかったろうか。紀州藩代官と小笠原陣屋の後援を得て、小船を舞台にしつらえて俄《にわか》狂言が催され、神社のあたりは伊勢神宮の遷宮にならって山田（現在の伊勢市）の街並みや宇治橋の模型を造り、お蔭参りや大名行列を模して人びとが集い、花角力《すもう》を楽しんだ。

白子文芸の花が咲いたのも、寛政年間以後であった。幕藩体制下の江戸時代における文芸の主流は、武家を中心とする「官」の文芸、即ち儒学であった。山中天水（寛政二年一七九〇没）旗本小笠原家四代・胤昌（享和三年一八〇三没）、細合半斎（享和三年一八〇三没）等の儒学者・能書家の名が一芸に達した人として知られている。

また廻船問屋の竹口次兵衛〈冬々斎・如林〉（寛政二年一七九〇没）の俳句や茶道、久住五左衛門〈三疑〉（文化十三年一八三〇没）の書道と狂歌も有名であった。

しかし特にとりあげたいのは「民」の文芸である。伊勢国だけでなく日本全国にわたって大きな学問の山脈を形成した松阪の本居宣長の国学・鈴屋門人は全国に分布し四八七名（うち伊勢国が二〇〇名）とされている。白子地区の門人は次のとおりであった。

江島若宮八幡神社（平成6年正月改築成る）

村田橋彦〈七右衛門、健斎〉小笠原家用人（寛政十一年一七九九没）

村田並樹〈春門、橋彦の養子〉（天保七年一八三六没）

坂倉茂樹〈広善〉粟真神社宮司（寛政十一年一七九九没）

白子孝昌〈兵太夫〉廻船問屋（寛政六年一七九四没）

倉田実樹〈太左衛門〉廻船問屋（文化元年一八〇四没）

一見直樹〈元常〉廻船問屋（文化五年一八〇八没）

また本居大平門には

沖　安海　型紙問屋（安政四年一八五七没）

宣長門下六名のうち三名が廻船問屋であり、しかも何れもが大伝馬町組系列であって、江戸白子組系列の者は居ない。宣長の生家は、小津三四衛門という大伝馬町の木綿問屋であって、宣長は若年の頃江戸店で商人としての修行を行い、また家業を閉じたときその財産整理を行っていて、大伝馬町と浅からぬ縁があったことが、廻船問屋主人の入門と関係があったのであろうか。宣長は学者・医者として人生を再出発したとき、小津姓を改めて、先祖の本居姓に改めたのである。

右の門人のうち、村田並樹、板倉茂樹、一見直樹は、その名の「樹」に因んで「白子の三樹」と称されて著名であった。

また宣長は門人のうち「出精厚志」―熱心で秀れた者三二名を挙げているが、村田並樹と坂倉茂樹の二人がその中に選ばれている。

宣長は晩年になって名古屋へ三度旅行をしている。松阪から白子まで約十里（四〇粁）徒歩で一日の旅路であるから、白子の門人宅へ宿泊するのが常であった。

第一回目の旅は六〇歳の時、寛政元年三月十九日松阪を出発し、同日村田橋彦宅に宿泊し、帰りは二十九日に一見直樹宅に宿泊した。古事記伝の出版打ち合わせの旅であり、長男春庭と門弟稲懸大平の二人を伴っていたので、白子宿では集まった門人たちと期待にふくらんだ楽しい話がはずんだに相違ない。

第二回目の旅は、寛政四年三月五日松阪を出発、二十七日帰着であった。名古屋の門人たちの懇請によるものであったが、同時に春庭の眼病を治療するための尾張・馬島へ彼を送る旅でもあった。この旅で二七人の門人が出来た。白子宿では、古事記伝の版下（版木の下書）の細字の執筆を担当した春庭の精進をたゝえると共に、治癒を祈る集いになったであろう。春庭はやがて完全な盲人となった。

第三回目の旅は、寛政六年三月二十九日松阪を出発し四月二十六日帰着した。宣長単身の講演の旅であった。

宣長が白子にて詠める歌。

たくひれの白子の海の朝凪に
こゝたも出づる海士《あま》の小舟かも
（たくひれは白の枕言葉）

坂倉茂樹が白子宿で宣長を送る歌。
郭公《ほとゝぎす》まちえしものを一声は
きくともなしにかへる君かな

白子における文芸は、幕末に向って精彩を失ったようである。「民」の文芸は、豊かな富と遊び心で培かわれるものである。白子廻船の衰退は、同時に文芸の衰退でもあった。

白子の浜に打ち寄せる浪は昔も今も変わらない。鼓ヶ浦を散策する人は、白砂青松の砂浜に、白子ゆかりの文人たちの歌などの碑が意外に多く建立されているのを見ることができる。

2　系列化による従属性

白子港の町は、紀州代官の統治下にあったため、藩主の構えている武家城下町のような圧力はなかったが、実は別の圧力があった。江戸木綿問屋の圧力である。

白子廻船の特徴は、元禄時代の十組問屋と菱垣廻船のところで若干ふれたように（五二頁）、大伝馬町組と江戸白子組との「手船」即ち指定船であったことによる。このため、まず第一に江戸時代の封建制にみられる主従関係意識があり、木綿問屋が「主」廻船問屋が「従」の関係ができていたことであり、第二は造船資金の相等部分が江戸の問屋から融資されたことであり、第三が積荷や運賃に対する決定権が白子廻船側にはなかったことを挙げねばならない。（第三については3　船徳で述べる。）

主従関係意識についてみよう。廻船問屋に関係する豊富な史料を残している竹口家文書にそれを見ることができる。

竹口嘉助が天保四年（一八三四）十月に「白子御組　御行事衆中様」へ送った借金申し入れの文面の冒頭を現代文に書き改めて掲記しよう。曰く「はゞかりながら、書付をもって願い上げ奉《たてまつ》り候、私儀先祖代々　御仲間様（江戸白子組）の御厚恵のお蔭をもって旧来渡世をして来、誠に冥加至極、有難き士合《しあわせ》に存じ奉り候……」　勿論借金のお願いであるから、やむを得ない儀礼上の挨拶であろうが、何だか殿様に対する言上のような気がする。

江戸木綿問屋より白子廻船組へ出された『白子組船々掟書一件』という文書（寛政十二年一八〇〇）では、船頭たちの行動を批判し、甚だ不埒《ふらち》な行状があるので掟書を作り各船に一枚づつ伝達するようにと述べている。その定めは、六ヶ条に分かれているが、「右の條々はきっと相守るべく、もし之に違反することがあれば、当木綿仲間の荷積は省《はぶ》くから、その旨を心得るよう申す」とある。これに白子廻船問屋八人が提出した誓約書があり「右の條々に少しも違反なきよう相守り、渡世の道を大切に守り、永久に相続するよう相互に励み合い……天理に相叶うよう丹精（まごころ）をこめて致します」と述べられている。

船乗りたちは、「板子一枚下は地獄」といわれる航海であるから、風波の荒い時は然るべき港へ難を避けて逗留し気晴らしもする。気風《きっぷ》の良さも、行き過ぎれば積荷に手をつけて港の女に貢いだかも知れない。

しかし、そんなことは例外ではなかったか。白子廻船問屋は、それぞれ専属の船頭を指名していた。例えば大伝馬町組系列の船元白子兵太夫船の船頭は戎屋兵吉、河合仁平次船の船頭は角屋一統等であって、船主と船頭との人間的な信頼関係は強かった。しかも我々が考える以上に、船頭は人物的にも優れ、相等程度の教養も備えていたようである。例えば、ロシア漂流十年に耐えて帰国を果した一見勘右衛門船（神昌丸）の船頭大黒屋光太夫は、その代表人物の一人というべきであろう。

造船融資について述べよう。この融資が通常の金銭貸借でなかった点に特に留意したい。千石船の建造にどれ位の資金が必要であったか。適切な資料が乏しいけれども、若干の例によって推定すれば、一千両程度ではなかったか。勿論江戸時代もゆるやかながら物価騰貴が見られるので、幕末ともなれば五割程度に上昇していたようであるが、白子廻船の盛大だった寛政年間から文化・文政年間を中心に考察したい。

船価一千両の内訳は船体（帆柱・帆桁・舵・伝馬船を含む）が約七〇〇両、諸道具が約三〇〇とみてよい。一両の価値は現在の何円位に相当するかについては簡単に断定し難い。一般的には江戸時代は「米」の経済であったから、米価で比べることが多いが、換算の仕方で五万円から二〇万円位までの開きがある。現在値に余りこだわることは重要性がないと思うが、通説は八万円から十万円とされているので、簡明な数値で私は一両＝十万円としてよいと思っている。とすれば、千石船は建造費は一千両＝一億円位で、相当高値であった。廻船問屋が自己資金で建造できるとは限らず、系列を利用して江戸木綿問屋仲間から融資をうけることがしばしば起り、やがてそれが常態化するに至った。

白子廻船の造船は、大部分が伊勢大湊でなされたとされている。この港は古来神宮への神役船が入港し、室町時代から自治を許された商港であり造船の町であった。織田信長が石山本願寺（大阪）を攻略するため九鬼嘉隆に命じて造らせた大型軍船七艘のうち六艘がこゝで作られ、また豊臣秀吉が朝鮮の役で作った大軍船〝鬼宿〟（のち日本丸）も作られている。重要な地であったので幕府は山田奉行を置いて（度会郡の御薗村に）直轄管理を行っていた。有名な大岡越前守が出世の糸口をつかんだのは、こゝの勤務であった。

しかし地元の港でも作られたのでないかと思う。有名な宣教師フロイスの『ヨーロッパ文化と日本文化』の第十二章は船やその慣習について三十一項目を記述しているが、「われわれの間では、船のために大工がいる。日本では船の工匠はほとんどすべて大工である」と江戸期直前の状況を書いているし、後年ロシアへ漂流した白子の船頭大黒屋光太夫が、アリューシャン列島で約六百石積の船を神昌丸の船員一同で作ったと述べている（天明七年一七八七）。だが千石積みの廻船ともなれば、相等な技術水準が必要であったろうし、秘伝の「木割法」があって、それぞれ流派を形成していたことからみて、白子廻船の大部分が大湊で造られたという常識は妥当性がある。

白子の船頭戎屋庄蔵船造営受領文書（文政六年一八二三）の中に「庄蔵儀この節造船場へまかりこし、在宿つかまつらず候」とある。大湊へ出向いていたのであろう。

この文書にはもう一つ大切なことが書かれている。即ち造船代金の一部四〇〇両の拝借の礼状で江戸白子組の越後屋（三井）他二名宛に差しだしていることである。造船資金が地元白子で調達し切れず、江戸木綿問屋仲間に援助を仰いでいたのである。

実は、造船資金の援助が始めて文献に出たのは、大伝馬町木綿問屋仲間では安永二年（一七

町金差引帳

収入	繰越金×××
	買引金×××
支出	合　力×××
	町入用×××
	割戻金×××
	積立金×××
	貸付金×××
差引	繰越金×××

七三）問屋仲間の集金高から盆暮に夫々百両づつ積立てることとし、それを貸付の財源とした。天明三年（一七八三）白子廻船問屋の清水清兵衛へ一五〇両、積荷問屋の倉田太左衛門、河合仁平次、白子兵太夫の三名へ一〇〇〇両の貸付けがなされている。年賦償還で無利子、無担保という条件になっている。この記録は『町金差引帳』にあり、問屋仲間の木綿取引高の百分の一を買引金名義で徴収して、始めの頃は不仕合店《ふしあわせだな》（営業不振店）への合力＝援助金に使われ、剰余金は割戻すことになっていた。ところが七四軒もあった問屋が時代と共に整理統合されて二〇軒程へ集約されて来たので、最早合力は必要なくなり、これに代って白子や平坂の廻船問屋への貸付に転化したのである。文化五年（一八〇八）以降六ヶ年間の貸付金支出は下表のとおりで、重要な割合を占めている。冥加上金とは幕府に対する上納金であり、その他支出は組合の共同経費である。正確なことは判らないが、造船資金貸付は次第に慣習化されたようである。

町金の支出内訳

年　次	貸付金	冥加上金	その他
文化5年	1,161両	一両	1,741両
6	1,105	125	1,680
7	654	375	1,641
8	705	250	1,635
9	1,006	250	1,884
10	585	375	1,788

借金返済の方法は、白子の廻船業者が毎航海毎に受取る運賃の中か

ら、二〇両づつ天引による定めが寛政十二年（一八〇〇）の定めに見られる。

江戸白子組の系列である積荷問屋・廻船問屋竹口家の文書により、明和八年（一七七一）から嘉永五年（一八五二）まで（八二年間）に記録された造船融資を廻船問屋別に整理したのが下表である。一回の借金は最低五〇両から最高五二五両まであり、資金用途は新造船、檣新造、修理代等となっている。

借金の内容に最も多く出て来る言葉は〝船玉〟造立とか新造とかである。船玉とは元来船霊のことで、信仰的な起源を持ち、船を守護する御神体を取りつけたもので、船大工の最も大切な秘儀とされ、多くは女性の髪の毛を帆柱の根本の筒に納めていた。船霊がのちに船そのものゝ意味に使われたものである。

この表の年次は江戸時代後半期で、アメリカの黒船ペリー来航（嘉永六年一八五三）直前までの時代である。江戸木綿問屋両組の独占体制が、アウトサイダーによる地廻《じまわり》商品（各藩が産業振興のため地元物産の奨励による）の流入で崩されつゝあった時代が到来し、その影響は系列下の白子廻船の不振を招き、借金の要求は益々強まった。

白子組系列下廻船問屋借金

廻船問屋名	借金回数	借金合計
油屋又市	1回	100両
松屋八兵衛	1	100
竹口次兵衛	17	4,151
松野源三郎	6	1,720
小玉六兵衛	3	670
久住五庄衛門	2	350
緜子屋清七	8	1,600
大本清兵衛	1	480
三松屋覚右衛門	2	650
伊勢屋又四郎	2	135
その他	—	1,432
計		10,956

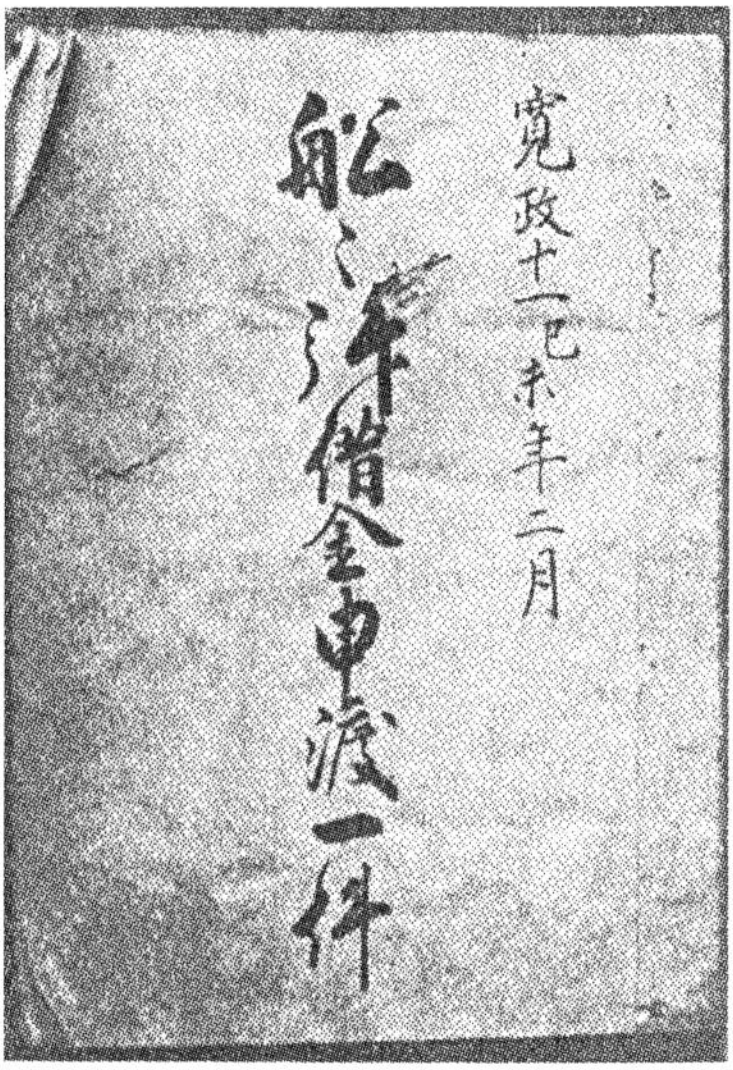

船々拝借金申渡一件（竹口家文書）
＜鈴鹿市文化財課郷土資料室蔵＞

借金の返済が滞ることも生じた。例えば寛政十一年（一七九九）二月、江戸白子組は『船々拝借金申渡一件』なる書状を白子廻船問屋へ送っている。その要旨は、「……近頃借用金返済が次第におくれて勝手気ままになっているが手柄だと思っているのか。中には不履行の者も多くある。造船融資は加入金（共同の分担）ではなく、無利息で大金の恩借（情をかけた貸借）であるから、返納の遅延はもっての外の不埒《ふらち》である。……今後契約通り納金がなければ、（江戸へ来た船は）帰帆できなくなる」と厳しく申し渡している。造船融資については、「無利息二而《にて》大金之恩借」とか「不埒之至《ふらちのいたり》」であるという文言が、たびたび見受けられ、白子廻船が資金面で思いのほか弱体であり、系列的従属性がきびしかったことがうかゞえる。

3　船徳―廻船の損益計算

白子の廻船問屋の、営業収支はどうなっていたであろうか。本論に入る前に江戸時代の貨幣について若干述べておきたい。当時の日本には三種類の貨幣が流通しており、江戸経済圏は金本位の両（一両＝四分《ぶ》㈦、一分＝四朱《しゅ》という四進法）京・大阪の上方経済圏は銀本位（一貫目＝一〇〇〇匁《もんめ》、一匁＝一〇分《ふん》の十進法）他に銅本位の銭《せん》という少額通貨（一〇〇〇文《もん》＝一貫文）があった。一応一両＝銀六〇匁＝銭四貫文の相場とみてよい。以下本稿では原則として「両」建てに換算して記述することにする。

二百年に及ぶ廻船史の中には好況もあり不況もあったことは当然であるが、問題は主力荷物である木綿運賃の決定権を江戸木綿問屋が握っていたことである。

木綿の積荷数は船一艘で六〇〇個～六五〇箇以内（一箇は原則として百反）と決められており、一箇の運賃は寛政年間でおゝむね四匁二分五厘から四匁九分五厘であった。かりに六〇〇箇を四匁五分で運ぶとすれば、二七〇〇匁となる。従って両に換算すれば金四十五両ということになる。

また木綿と共に藩米が積まれることが多く、百石につき十二両強という相場があるから、大黒屋光太夫の神昌丸の例で五〇〇石（千石船の積載限度の二分の一）が積まれていたとすれば金六〇両余となろう。その他、小荷各種があるので、一艘満杯の場合の一航海下り賃は一二〇両位であったと推定できる。

これに帰り荷の干鰯や〆粕、雑穀、海産物等の運賃収入が加わる訳で、江戸行きの収入の一〇％程度であった。

よって一航海の収入合計は、一三〇両前後、現在の貨幣相場で一、三〇〇万円位であったと推算される。しかしこれは収入であって諸経費を差引いて始めて利益となる。

廻船の収支は「船徳《ふなとく》」と呼ばれ、各船ごとに一航海単位で計算されていた。

では実例を見よう（伊勢湾海運史の研究）。三河湾佐久島の久次郎・久三郎の廻船・幸栄丸は、船籍を白子港に置き大伝馬町組系列下で運航した。弘化三年に新造され（五四〇両）四年近く運航したあと売却（二七六両）されて第二幸栄丸が建造され（八九三両）四年余り運航している。即ち弘化三（一八四六）年六月から嘉永七年（一八五四）八月まで通算八年間三十三往復にわたる船徳の記録がある。要点を理解しやすいように一航海平均した収支を計算すると次の表のとおりである。

第二幸栄丸は一〇七三石積で水主《かこ》（船員）一三名の規模であるが、一航海わずかに一両しか

幸栄丸船徳
（1航海平均）

項目		金額
収入	下り（江戸向）運賃	130両
	上り（帰　り）〃	6
	計	136
支出	雑用合計	107
差引	正徳分	29
納金	借入金返済	28
差引	船徳	1

雑用内訳（支出 雑用合計 ←）

水主給銀
船頭給銀
飯料
船宿祝儀
初穂料
問料
為替料
瀬取賃
仲仕賃
川役

収入が残らない状態になっている。一応のもうけは二九両あるが、借金返済が二八両あるためである。幸栄丸は営業の最初の資金全部を大伝馬町組積荷問屋や町内からの借入金でまかなっているし、第二幸栄丸の場合も旧船売却代以外はすべて借入金によっているので、航海毎に運賃収入から割賦返済金が差引かれているのである。

　この状態では、廻船問屋自身は殆んど収入がなく、食って行けないことになる。その解決策が、副収入とも言うべき「買積み」であった。江戸からの帰りに、自分で品物を買取り、白子の積荷問屋へ売却して利ざやをかせぐやり方である。幸栄丸は本来の運賃の収支合計「船徳勘定」とは別に、買積みの収支合計「売買仕切帳」があり、干鰯などを買積みして白子の積荷問屋河合仁平次に売却して、一回五～六両の利益を挙げていた。

　何れにしろ多額の借入金でまかなわれていた白子廻船問屋は、忙しい割にもうけは少なかったようである。

　船徳勘定は現金収支によって計算されているので、船の建造代はその時の支出として処理されるため、その後はタダの船で稼いでいるような形になっている。このため、現代の会計理論で計算のやり直しをして損益を把握してみることが必要である。そのポイントは、船の建造代を運航年数（原則として十三年）に配分すること、即ち減価償却の考え方を導入することである。

算式は左の通りで、会計になじみの少ない人には理解し難いかも知れないが、結論を言えば、一航海について船の損料を一八両みなければならないということである。この金額を組みこんで、現代会計による一航海の損益を出せば次のとおりで、純利益は約十一両となる。「勘定合って銭足らず」という言葉があるが、廻船問屋の懐工合はまさにそのとおりであって、十一両の黒字は出ても、それ以上の借金返済が追いかけて来るので、苦しい経営であったと見てよい。自己資金の乏しい者は、賃積み方式のもとで廻船業を行うことは苦しく、修繕費も必要でありさらに海難を蒙ればお手あげであった。

白子廻船が、江戸後期の文政時代

1航海当り減価償却費

第1幸栄丸建造代		540両
4年後の売却代		276
差引運航期間分	㋑	264
第2幸栄丸建造代		893
耐用年数13年のうち 今回の運航5ヶ年		
$893 \times \frac{5}{13}$	㋺	343
運航期間に相当する船代 ㋑＋㋺		607
33往復しているので 1航海当りの額 607両÷33＝減価償却費		18

1航海の純利益

収入合計		136両
経費	雑用	107
	減価償却	18
差引純利益		11

以降、新船建造が急激に減少に向かったのは、経営採算上からみても当然なことであった。

船徳勘定の基礎は、運賃収入であって、木綿や米の賃料決定が大切であった。木綿運賃に関する史料で興味深いものがある。明和四年（一七六七）江戸白子木綿問屋から白子の竹口家へ宛てた書状の中に、積荷地別に次の金額が記載されている。（鈴鹿市史5巻）

伊勢国よりの荷物　一箇に付　四匁七分五厘
尾張国　〃　〃　四・六・五
三河国　〃　〃　四・五・五

尾張国や三河国よりというのは、その木綿荷を廻船や瀬取船で白子港まで運んだうえ、白子廻船によって江戸へ運ぶ賃料であり、遠隔地の方が安いのは逆のように思われるが、安値にすることによって白子港経由の荷が増加するであろうから、白子廻船は反って有利になると述べられている。

また寛政二年（一七九〇）江戸白子組が幕府の下問に答えた運賃のことが、白子廻船の竹口へ連絡されている。「実際の運賃は一箇につき四匁九分五厘であるが、幕府へは四匁五分五厘と申出てて、四分五厘の差があるので留意をされたい。安く報告した理由は、大伝馬町組の運賃が一箇四匁二分五厘であるため、それに調子を合わせるためである。」と延べ「万一幕府より四分五厘の差についてお尋ねがあったときは、造船・難船への補助二分と、廻船仲間運営費の補助二分五厘が含まれているからだと、然るべく答えてほしい」と指示している。役人と商人との駆け引きが面白い。そして又、江戸の木綿問屋両組間で、運賃に格差があったことも分かる。

　寛政二年という年は重要な意味を持っている。寛政の改革で有名な老中松平定信が経済政策の一環として物価引下令を出した年であり、木綿については三割五分という大巾引下げが命じられた。江戸両組が共同してこれに対抗して粘りに粘って、わずか七分値下げをかち取った事件があり、その詳細は拙著『伊勢商人の世界』に掲出してあるので、こゝでは割愛するが、右の運賃調査もそれに関連したものと思われる。

　白子廻船の船徳は、木綿のほか米その他を運び、帰り船にも干鰯その他を運ぶことによって、盛大なときは廻船問屋全体の一年の収入は五万両～七万両に達したという、現在の貨幣価値で約五〇億円～七〇億円と見積られ、人口数千人の町にとっては莫大な金額であった。たゞし、実例として示した幸栄丸の収入が一航海約一四〇両、年四往復で五六〇両である。最盛期に就航していた白子廻船は約四〇艘といわれているから全体の年間収入は五六〇両×四〇艘＝二二、四〇〇両と推計される。したがって江戸航路以外の紀州、大阪、名古屋その他伊勢湾沿岸の廻船運賃を加味しても年五万両～七万両とみることは過大見積りのように思われるので、今後の課題としたい。

何れにしろ、現在の会計理論からみれば、幸栄丸の船徳分析にみられる通り廻船問屋は利潤の獲得を通じて資本蓄積を行なうまでには至っていなかったと思われ、海難を蒙れば、困難は更に加わった。けれども、竹口家、白子家など四軒の積荷問屋は廻船問屋よりは優位な立場にあり、相当程度の富の畜積がなされたであろうと思われが、文化年間（十九世紀）以降は経営成績の低下、財政の悪化が進行し、大伝馬町系列の幸運丸、倖運丸（以上白子兵太夫）、喜悦丸（倉田太左衛門）が経営難のため他に売却されたりして、栄光の時代は戻らなかった。

船徳を分析しながら、私は困難な迷路に入ったような気がしてならない。白子廻船の華やかさに比べて、江戸航路の船徳が意外に少ないのが気になる。私の史料分析のほかに、何かゞなければ白子港町の賑わいが描けないのである。手がかりはないだろうか。

第一は付帯事業による稼ぎである。藩米と木綿という江戸への主力下り荷の数量には限度がある。とすれば、江戸航路の年間運航延日数、一五〇日位（一艘四往復）を差引いた残り約二〇〇日は、休息や修理の日もあろうが恐らく伊勢湾岸や熊野方面へ運航したことが考えられ、その記録も散見できる。近海での稼ぎが追加されたであろう。また別のところで指摘した買積み方式、即ち自己の採算で物資を買入れて運び、他に販売して利益を挙げることもなされた。

江戸からの帰り荷の中でも、干鰯や〆粕がそれで、白子の干鰯屋商売が盛大であった記録もあり、河合仁平次のように干鰯問屋を兼業したものもあった。

第二は異業種への進出である。江戸で木綿店を営んだといわれる廻船業者に、竹口次兵衛家、白子兵太夫家、久住五左衛門家等がある。伊勢湾岸の木綿産地と直結して有利な商いができたであろう。変り種としては、竹口次兵衛家の漢方薬「龍王湯」や松野源三郎家の京都における化粧品「花の露」の販売が有名である。その成果を調べるに足る史料を検分できないので、具体的な稼ぎを示すことができないのが残念である。

第三は大名貸である。江戸時代の富商の大名貸しは中期以後、一般的にかつ継続的に行われた。白子地区においてよく知られているのが松野源三郎家である。地元の旗本小笠原家や、隣地の神戸藩、桑名藩、そして遠くは武蔵国・忍《おし》藩などへ融資している。米が経済の中心であったときは、それを担保として蔵元を勤め有利な資産運用ができたが、貨幣経済が盛んとなるにつれて米の地

竹口次兵衛家と大榎

久住五左衛門家

位は低下し大名は苦境に陥り、安定的財源にはなり得なかった。このため松野家は天明年間には小笠原家の賄方（財政係）辞任を申し出て慰留をうけている。大名貸しの妙味は消えて幕末には不良債権となった。

最後に考えられるのは造船融資の性格である。白子廻船が江戸木綿問屋の融資に大きく依存していたことは既に述べたとおりである。無利子の「恩借」は建造費のおゝむね二分の一にも達しており、白子廻船は江戸木綿問屋の系列下で運航していた。恩借は果して「貸借」だったろうかという突飛な思いが私の脳裏に浮ぶ。営業不振や難破のときに借金の棒引きや補助金があったようである。白子廻船の実態が、木綿問屋と廻船問屋との共有だったとすれば、廻船問屋の資金負担は大巾に軽減され余裕が生じた筈である。

白子廻船問屋の経営史は、私にとって解けない謎を包含している。

4 海難

父さん母さんそりゃ無理よ
西が曇れば雨となる

東曇れば風とやら
千石積んだる船でさえ
港出る時ァまともでも
風の吹き様で出て戻る
まして私は嫁じゃもの
縁がなければ出て戻る

津軽民謡の一つである。江戸時代の廻船には三つの大きな難所があった。西廻り航路の玄海灘と熊野灘、遠州灘である。日本の江戸時代は、恐らく世界屈指の海難・漂流記録を持っている。商船《あきないぶね》だけで毎年数百隻が海難に遭っており、その中には外洋を通る廻船千石船も数多く含まれている。その大きな原因の一つは、帆柱が一本に制限されていたことと、水密甲板の構造でなかったことであろう。一本帆柱は順風にのみ頼る航行方式であって、逆風を受けたときの間切り《まぎ》(ジグザグに操縦して風上へ進む方法)は極めて困難であった。また西洋型船は外部からの水の流入を防ぐため水密甲板となっているが、和船は荷物を積む胴《どう》の間(中央部)は解放的で荷物を積みあげて覆いをする程度だったので、波や雨水の流入が防ぎ難く、いわゆる「水船《みずぶね》」になることが多かった。

白子廻船は、江戸へ向えば遠州灘、和歌山へ迎えば熊野灘を通らなければならない。だから外洋へ出るに当って、伊勢湾口の鳥羽港に寄港して天候や風向きを偵察して出帆の可否を判断した。ロシア漂流十年で有名な大黒屋光太夫の神昌丸は天明二年十二月九日白子を出帆し、鳥羽で日和見のうえ十三日に外洋に出ている。鳥羽は、大阪から江戸へ向う廻船にとっても大切な風待ち・雨待ち港として有名である。幾日も待たされることがあった。日和りを見定めるために、港に近い小山は日和山《ひより》と呼ばれた。

また鳥羽の背後に標高三三六メートルの青峰山があって、鳥羽入港の目印とされたのであるが、そこに参拝した私は立派な伽藍が竝ぶ青峯山正福寺に驚いた。航海安全の祈願所で、たくさんの絵馬が奉納されており、その一つに大伝馬町木綿問屋仲間が献じた大きな「永代護摩供」の額があって、津の田中治郎左衛門、川喜田久太夫や松阪の小津清左衛門、長井九郎左衛門などー七名の名が連記されている。現在も旧正月十八日に恒例の「お船祭」が盛大に行われ、青峯山本尊御詠歌第五番が唱和されている。

曙に　真帆《まほ》うちあげて　志摩路潟《しまじがた》
青の御寺に　みゆる百船《ももふね》

白子廻船の海難は、天明二年末から文政二年末まで三八年間分の乏しい史料から判明したものを列挙すれば次のとおり二七件である。遭難内容は一部推定を含んでいる。記録に残されていない海難は、この何倍にも達したのではなかろうか。

船名	問屋名	船頭	遭難日	遭難場所	内容
神昌丸	一見勘右衛門	大黒屋光太夫	天明2年12月	遠州灘	難破
某	綟子屋	蛭子屋藤太郎	寛政5・7	鳥羽菅島	刎荷と濡荷
某		戎屋長次郎	寛政7・7	駿河沖	濡荷
宮吉丸	河合仁平次	服部文左衛門	寛政13・1	下田沖	
栄通丸	清水清兵衛	蛭子屋富助	享和元・2	三州赤羽根浦	
灘吉丸	河合仁平次	角屋代助	文化4・7	武州羽根田沖	難破
某		蛭子屋兵吉	文化5・12	下田沖	
某		蛭子屋与市	文化6・7	勢州出浦	
某	竹口次兵衛	川崎屋為蔵	文化6・8	遠州松坂浦	
某		角屋橋五郎	文化6・8	遠州横須賀	難破
栄寿丸（2代）	白子兵太夫	戎屋兵吉	文化7・5	三州片浜沖	難破
某		川崎屋栄蔵	文化8・		
某		三松屋徳助	文化8・8		刎荷
某		三松屋徳助	文化11・		濡荷
某		川崎屋長蔵			濡荷
春日丸	竹口次兵衛	川崎屋為蔵	文化14・1		難破
某		川崎屋重蔵	文化14・1		刎荷
某	坂倉源兵衛	川崎屋芳蔵	文政2・7	遠州灘	濡荷
某	竹口次兵衛	川崎屋寅蔵	文政2・12	志州神島	刎荷と濡荷
神徳丸	白子兵太夫	大黒屋彦太夫	不明	尾州師崎浦	難破
幸広丸	綟子屋清七	鳥羽屋銀蔵	不明		

船名	問屋名	船頭	遭難日	遭難場所	内容
永徳丸	松野源三郎	松屋文蔵	不明		
広寿丸	竹口次兵衛	川崎屋芳蔵	不明		
歓喜丸		松屋覚兵衛	不明		
某		角屋作助	不明		豆州沖
某		蛭子屋春吉	不明		下田沖
某		蛭子屋吉兵衛	不明		

文政二年『川崎屋芳蔵船難船次第』という報告文は風待ちから遭難の模様を生々しく伝えている。「私、川崎屋芳蔵船は白子を出帆致して志摩の鳥羽浦に停泊致しておりましたところ、去る（六月）十四日に江戸向けの日和よしと見て出帆しましたが、ならい風（東北東の風）と高波が烈しくなり、引き返しましたけれども、汐の流れが早く両舷より波が流れこみ、船体揺れ立ちて進まず、帆五六反が吹き破れました。船中の者共は驚ろいて、波囲いを丈夫にし精限り働きましたが、何分にも船自体が危なくなりましたので、諸々の神様にお祈りしつゝ相働き、打込塗防などをしているうちに、汐の流れも変り少々波が静まりました。船中一同は力を得て破帆を取りつくろい走りましたところ、十六日明方にようやく新居《あらい》（浜名湖岸）の沖まで参り、それより東風に吹き変ったため、同日八ツ時（午後二時）頃小浜浦（鳥羽浦の一部）へ入港仕りました。上述の通りの御天気ゆえ荷物の濡《ぬれ》工合がはかり難く、早速荷の整理をすべきところ

雨天相続き、ややく十九日に快晴と相成りましたので荷を改めましたところ、木綿廿一箇（二一〇〇反）と其他の小荷物・下荷物が多少濡れておりましたので、小浜浦で陽に干し手入れをしました。濡札《ぬれさつ》（被害証明）を申受け、日和次第出帆致します。とりあえず委細を申しあげます。…（中略）……御荷物を多少濡らせてしまいましたが、神佛の御加護によりて元船は難を免がれ、有難く存じます。……（以下略）」

文書の日付は七月一日で出帆以来半月以上経過しており、宛名は廻船問屋坂倉源兵衛様となっている。暴風雨に立ち向かい濡荷で苦労している有様を書いた船頭芳蔵に感服する。

もう一つ海難事件を紹介しよう。右と同じ文政二年の十一月二十二日白子港を出帆した川崎屋寅蔵船の件である。芳蔵船の報告と同じように、白子出帆から鳥羽で日和見して出帆し神島付近で俄かの荒天で座礁して水びたしとなり、沈没を免れるために是非なく荷物を捨て（刎荷）志摩・安乗《あのり》へ漂着した事件である。

この船は廻船問屋竹口次兵衛のものであったので、竹口から荷主の江戸白子組の白木屋彦太郎、越後屋八郎兵衛、嶋屋半兵衛へ状況報告が送られた。

たまたま、江戸白子組の伊豆蔵磯兵衛が伊勢に居たので立会って貰い、江戸から見分役を送ることが略された。被害報告は十二月から文政三年一月にかけて五回行われ一件落着した。

船も荷も共に滅亡し、船員の救助されるのもまれな遭難は、本人の記録がないので状況は不明である。この遭難と思われたが、奇跡的に助かって十年ぶりにロシアから帰国した大黒屋光太夫の一件は、改めて述べることゝする。

次に立場をかえて、白子廻船のスポンサーの側に立って海難を採りあげてみよう。江戸大伝馬町の木綿問屋長谷川の記録から、海難を拾ってみると次のようになっている。八ヶ年間に四〇件の多数にのぼっている。もっともこの四〇件のうち、圧倒的に多いのは大阪出帆の船であり、伊勢湾岸港出帆は三河の平坂出帆の彦兵衛船（寛政元年）甚七船（二年）忠兵衛船（六年）の三件であり、白子出帆は蛭子屋藤太郎船（五年）戎屋長次郎船（七年）の二件である。前頁に揚げた白子廻船の海難例とは年代が異なるので結びつくものはない。

長谷川家の海難数

年　次	海難数
寛政１年	2
2	4
3	7
4	4
5	9
6	3
7	6
8	5
8ヶ年計	40

こゝで海難について、その区分を整理しておかねばならない。本書では次のように用語を区分している。

難破……船も荷もともに滅亡

難船……
- 刎荷《はね》＝船は助かったが荷の一部又は全部を投棄したもの
- 濡荷《ぬれ》＝荷が海水や雨水で汚染したもの

長谷川が被害をうけた寛政年間の四〇件は右のような各種の海難を含んだ記録である。海難の被害については、菱垣廻船の制度ができたときから、荷物については積込み完了後に発生した分は荷主の負担となっていた。

また長谷川家の記録で、寛政三年七月から文化十年正月までの二十二年間の海損金をみると、次のようなことが分る。

一、海損発生のあった年・一五ヶ年、無い年・八ヶ年

一、海損金の累計額……七、八五三両

一、一年平均の海損金……三四一両

一、最高の海損金の出た年は寛政十年……金額合計二、〇八六両

特に海損金額の多額に発生した年、寛政六年とか十年などは、白子船や平坂船の海難があった年とされているのが注目される。

文化・文政年間に入ると、江戸への廻船も増加するが、それに伴って海難も増大した。そのため長谷川では決算にあたって予め海損引当金を計上することが見られ、文化六年八月決算では、一、五四一両を引当て、店の決算利益は〇とした場合もあった。

5　ロシアを見た船頭・大黒屋光太夫

白子廻船神昌丸の遭難と船頭大黒屋光太夫の太平洋上七ケ月の漂流を含めて、帰国までの十年間の事件は、最近急激に話題となって来た。私が光太夫のことに関心を抱いたのは第二次世界大戦後のことであった。私は昭和二十年八月の敗戦をソ満国境に近い満州国の地で迎えて、二年近くをソ連捕虜収容所（ラーゲリ）生活で相応の苦労を体験したせいか、光太夫に対する思い入れは強かった。

（『あけぼの』より）

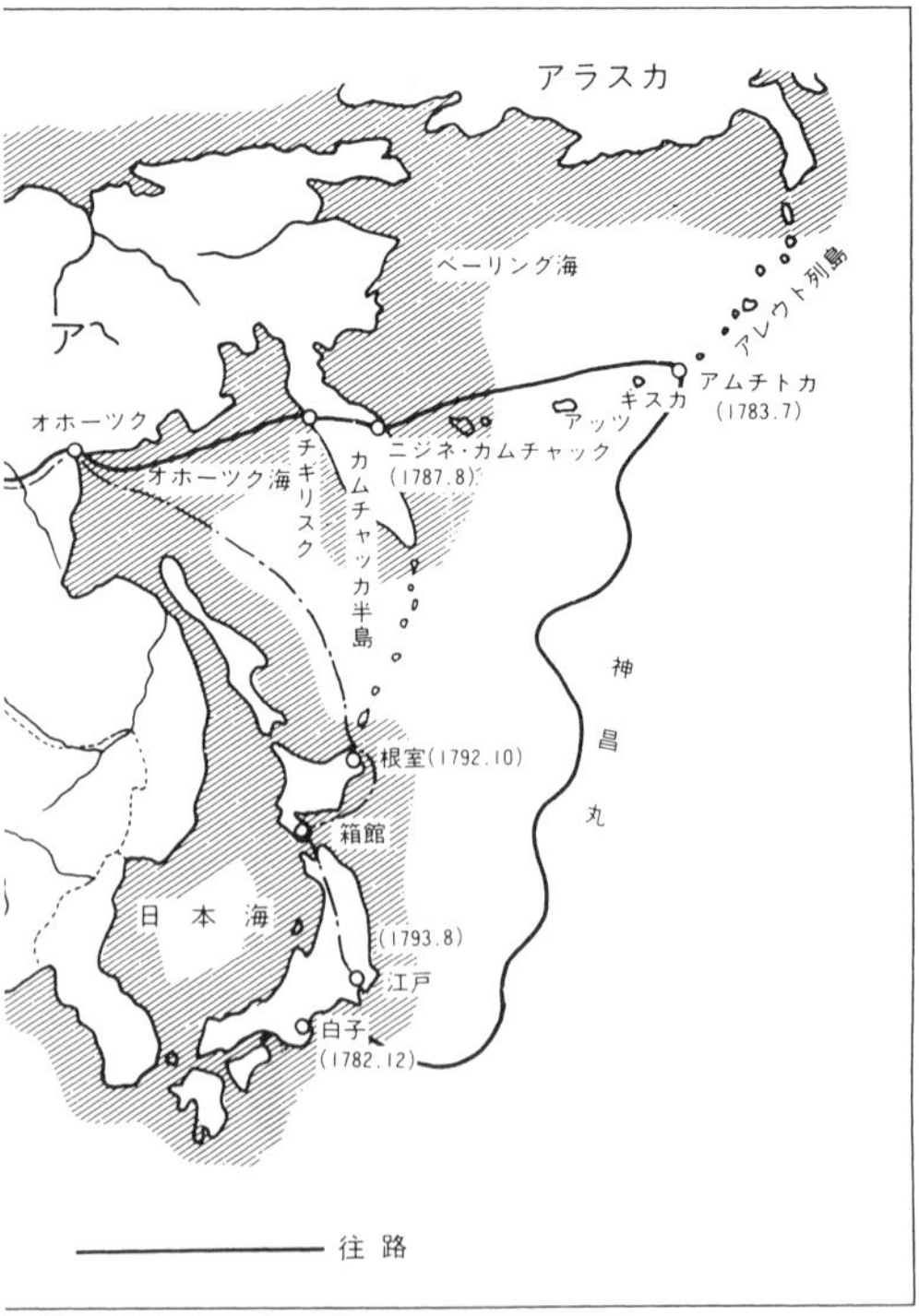

最初に読んだ光太夫に関するまとまった文献は、井上靖『おろしや国酔夢譚《すいむたん》』であった。その後、光太夫の帰国後、ロシアに関する幕府側の調書、桂川甫周『北《ほく》槎聞略《さぶんりゃく》』を読みまた平成五年には緒形拳主演による映画〝おろしや国酔夢譚〟を見た。まさに事実は小説よりも奇なりというべく、また小説や映画の芸術創作は事実の奥にある意味を解明するものであると知り、深い感動を覚えた。さらに光太夫の故郷鈴鹿市長・衣斐

光太夫漂流巡路図

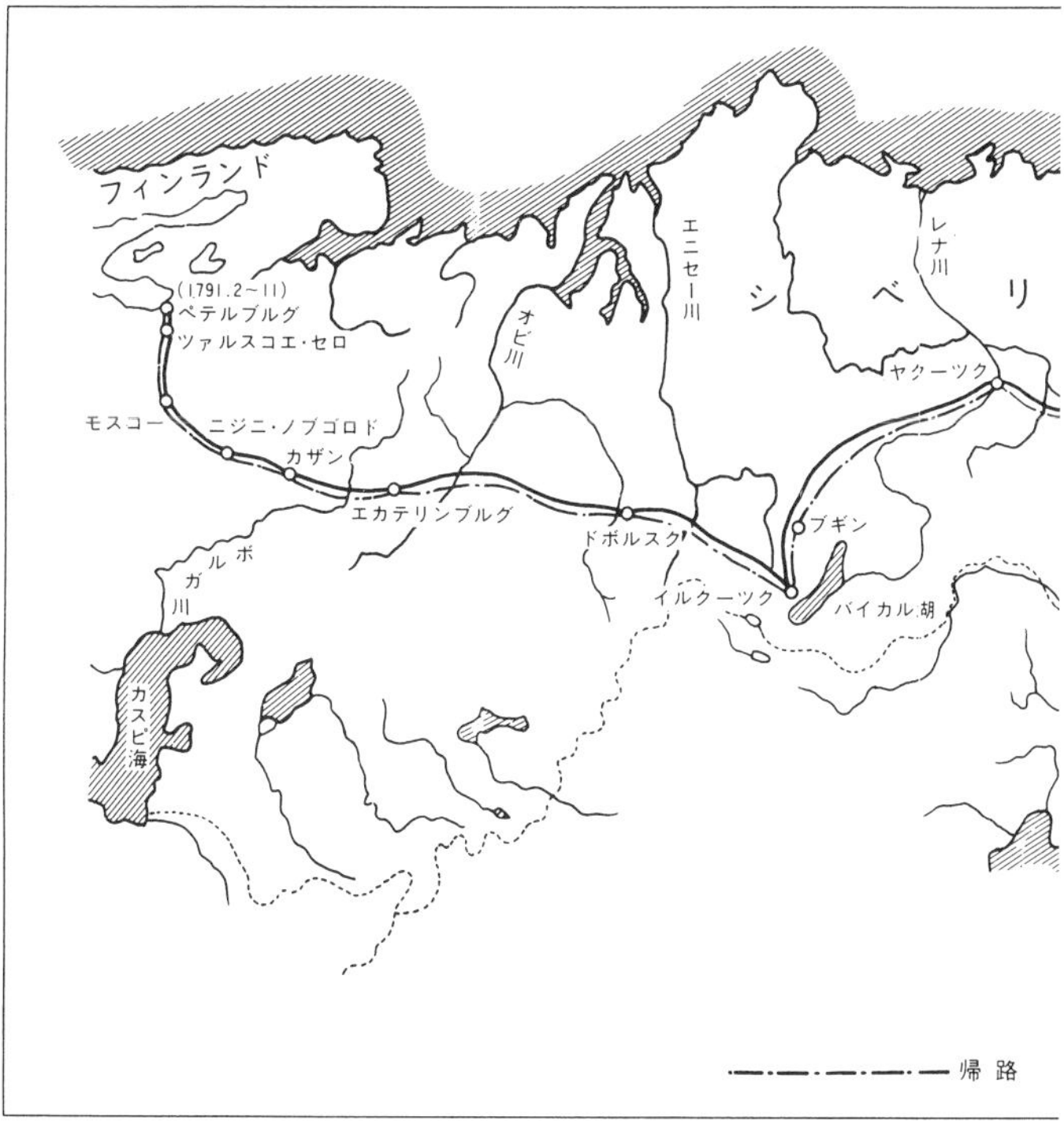

賢譲氏の情熱溢れる『大黒屋光太夫追憶』や大黒屋光太夫顕彰会（会長浜中克己氏）の手になる関係写真資料集『あけぼの』に、地元の方々の抱いてみえる熱い思いを見た。

日本とロシアの公式な交渉史の舞台に最初に登場した大黒屋光太夫。その数奇な運命は、江戸時代にも数十冊の文献として書き残され、絵画にもとり入れられている。今さら私がペンをとることは必要なく、その力もないので、一応簡単な年表にとりまとめて掲記したい。

光太夫の年表

和暦	西暦	事項
宝暦　元	一七五一	伊勢国南若松（現・鈴鹿市）に生まる。 若くして江戸に出て商家に奉公し、また木綿商に従事。
天明　二	一七八二	伊勢白子廻船の神昌丸の船頭となる（三十二才）。 十二月九日、廻米や木綿を積んで白子港出帆。
〃	〃	鳥羽で風待ちのうえ十三日出帆。船員十七名。 遠州灘で突然暴風にあい、太平洋を漂流。 漂流中に船員一名死亡
天明　三	一七八三	アリューシャン列島の小島アムチトカに漂着。 以後四年間をそこで送る。船員七名死亡。
天明　四	一七八四	日本では消息不明で死亡と考え、三回忌に当り江戸大伝馬町木綿問屋の行事頭長谷川が南若松に供養塔を建立。

和暦	西暦	事項
天明七	一七八七	光太夫ら古材で六百石位の船を作り、カムチャッカに渡る。船員三名死亡。
天明八	一七八八	六月、シベリア横断五〇〇〇kmの旅に出発。
寛政元	一七八九	一行六名（これまでに十一名死亡）、二月にイルクーツク着。 船員一名死亡し、二名はロシアに帰化す。 学者ラックスマンの知遇を得る。
寛政二	一七九〇	年末にロシア首都ペテルブルグに到着。
寛政三	一七九一	度重なる請願運動の結果、六月二十九日、エカテリーナ二世に拝謁し、 九月二十六日帰国許可。 十一月二十五日、ペテルブルグを出発し東方の旅へ。
寛政四	一七九二	一月イルクーツク着、厳冬四ケ月を送ったのちオホーツクに至る。 光太夫、磯吉、小市三名、遣日修好使節ラックスマン(前出の子)に送られて十月七日(和暦九月三日)船で根室に到着(光太夫四十二才)。
寛政五	一七九三	三月二日松前に着き小市病死。 六月二十一日初の日露交渉。 六月二十四日、光太夫と磯吉は日本へ引渡さる。 八月十七日江戸へ着き、九月十八日将軍家斉御覧。 桂川甫周による聞き書き『北槎聞略』成る。

和暦	西暦	事項
寛政　六	一七九四	六月両名は江戸番町薬草園に収容さる。
寛政　九	一七九七	光太夫結婚。（男、亀二郎は後の儒学者大黒屋梅陰、他に女一名）
寛政一〇	一七九八	磯吉、十二月十八日〜一月一七日の間伊勢故郷へ帰国許さる。
享和　二	一八〇二	光太夫、四月二十三日〜六月三日の間帰国許されその間に伊勢神宮、青峯山正福寺等を巡拝。
文政一一	一八二八	四月十五日光太夫死去（七十八才）。

小著に関連する若干のことに触れておく。

神昌丸は江戸木綿問屋、大伝馬町組の系列にあった白子廻船問屋一見勘右衛門（通称白子屋清右衛門）の船であった。白子港で積込んだ荷物は紀州藩米五百石と木綿その他で、当時の江戸下りの典型的な品目であった。その積荷のおかげで米を食べつゝ七ケ月も太平洋を漂流し一名の死亡者を出したが、七月二十一日アリューシャン列島のアムチトカへ到着できたのだった。しかし極北の苛酷な地で船員は次々と死亡した。孤島生活の四年間を経て帰国への行動を開始した。

神昌丸の音沙汰は全くと切れていたゝめ、三回忌には大伝馬町組の行事頭長谷川家が、故郷の地に追善供養の塔を建立したのである。海岸地帯の地形は江戸時代から変動しているとのこ

神昌丸供養塔（『あけぼの』より）

釈　久味霊
南無阿弥陀佛
俗名光太夫

とであるが、南若松心海寺の墓地を訪ねてみると、墓石型の塔の正面には上記の彫刻があり、左側面には遭難記録、右側面には他の乗組員の俗名、背面には建立日と寄進者長谷川の名が刻まれている。うれしいことに、美しい生花が供えられていた。その近くに光太夫の養子先である亀屋の墓があって、姉二人の戒名を刻んだ墓石の一面に「久味信士　天明二寅十二月十四日」と遭難の日付と戒名が見られた。久味信士とは光太夫の遭難を信じてつけられた戒名である。

光太夫は不屈の精神力と日本人の威容を身につけていたようで、ロシア人に尊敬され愛されたようである。ラックスマン親子の知遇を得てそのはからいで女王エカテリーナ二世に拝謁でき、案内役のキリロ中佐は彼が大切に持っていた小袖、羽織、袴に佩刀《わきざし》をつけて参上してはどうかと言ってくれたりしている。長い漂流やシベリヤ横断の間も、そのようなたしなみを持ちつゞけた人柄はすばらしい。

エカテリーナ二世女王に拝謁すべく滞在したペテルブルグの街で、異邦人光太夫は人の話題となり、女王の側女ソフィア・イワノウナという女性は光太夫を慰め励ますため歌を作って歌ってくれたという。帰国した光太夫の訳詞は次のとおりである。

あゝたいくつや我れ
他国皆々たのむ
皆々すてまいで
なさけないぞよ　おまえがた
見むきもせいで
あちらむく
うらめしや　つらめしや
いまは　なくばかり

この望郷歌は、あるいはソフィアの悲恋歌だろうか。ロシア全土に広がり、替え歌は革命歌や軍歌にもなったという。

私が感動するのは、光太夫が神昌丸の廻船問屋・白子屋清右衛門宛に送り届けるべく、誰に託したか不明であるが、執念のこもった手紙が偶然ドイツのゲッチンゲン大学図書館で発見されたことであり、その文面の一字一句である。遭難の経過、ロシアの生活状況や目下帰国嘆願中であることを述べている。「……今は天下様（女王）之所におり申し候。能《よ》き人々御座候故《ゆえ》、天下様ゑ上り、今壱度《いちど》日本国へ御帰し下され御様をねがい申し候。さりながら……（中略）……

…日本へ帰候事は、うどんげの花に御座候。…
…又此状も相届キ申事ハうどんげの花ニ御座候。…
（以下略）」うどんげ（優曇華）の花は、三千年毎に一度咲くと伝えられているので、光太夫の心情と覚悟が察しられる。またロシアに書き残した文書には「大日本伊勢国白子」の肩書きを入れて署名している望郷の念の強さに心を打たれる。

帰国への執念を支えたものは何か。彼が持っていた浄瑠璃本のところどころに「思うお方」とか「おしま」といういとしい女性名の記入があることから、故郷に残した愛人への思いだったという土地の古老等の意見もある。しかし、私の解釈は違う。ロシアを見て開かれた新世界の認識、その現実をぜひ鎖国下の日本へ伝えねばならないという使命感が芽生えていたのではなかったろうか。

光太夫はロシアに帰化した二人を残して、磯吉と小市の三名で遂に日本に帰った。そして異国を見た人として江戸の薬草園へ軟禁されて生涯を終えたという。これも私の解釈は違う。異国の情報を豊富に持ち帰った故に、軟禁の形で幕府当局は情報収集につとめたのであろう。

光太夫・磯吉の姿絵
（『あけぼの』より）

『北槎聞略』は単なる漂流記ではなく、おびただしい知識や情報が含まれている。またロシア語と日本語との対比は、一冊の日露辞典だといってよい。

実は、私はソ連のラーゲリ時代に、強制労働と生き延びるためにロシア語を覚えなければならなかった。そして一冊のノートにまとめたものを持ち歩いたものが今も手もとにあるが、光太夫の辞典に比べると月とスッポン位の差があって、率直に脱帽させられる。

幕府にとって、光太夫は新知識を身につけた大切な人材であり、ある意味では危険な人物であったために江戸で温存されたのであろう。国学者、伴《ばん》信友が晩年の光太夫を訪問した記録の中にこう書いているのは、その証拠であろう。

「光太夫今年齢七十五歳なりという。剃髪して

文学碑に彫られた井上靖自筆の讃（『大黒屋光太夫追憶』より）

大黒屋光太夫・讃
ここ、新装なった鈴鹿市白子港は、十八世紀末、神昌丸船頭、大黒屋光太夫が、容易ならぬ運命を荷って、東洋史の重要な一ページの中に入って行った、その難多き航海に於ける乗船、出航の地である。
日本とロシアを、江戸とレニングラードを、鈴鹿とイルクーツクを、異国に於ける光太夫・十年の

三村力の石彫・刻の軌跡（右）
井上靖文学碑（左）

歳月は結んだが、その数々の悲劇を鏤めた異国日誌の大きな展開は、ここ白子浦を起点とし、終点としている。

そうした光太夫を船頭とする神昌丸出航の日も、白子浦は今日となに一つ変りなく、蒼穹の下に、美しく波立ち、騒ぐ、白い波濤の絨毯を大きく拡げていたであろうか。

井上靖

一向宗を信ぜり。性強気なりと見ゆ。帰国の後、高貴の方々を始め、諸人に馳走せらるゝに馴れて、自ら老を称してますます心驕《おご》れるさまなり。」光太夫は辛口の批判を受けるに至っている。彼は文政十一年、七十八才でその波瀾に満ちた生涯を閉じた。男子一名、女子一名の子を得て、男子は大黒屋梅陰という学者になっている。放浪中に、ひたすら慕いつゞけた故郷の女性〝思うお方〟が誰であったか、又どのようにして生涯を送ったかは分からない。

光太夫と二重写しになって私の脳裏に浮かぶ人物がある。ジョン・万次郎（中浜万次郎）である。彼は土佐国・中の浜の漁師であったが、天保十三年（一八四一）難船漂流して四ケ月後に米国捕鯨船に救われ、船長ホイットフィールドに見込まれてサンフランシスコで勉学の機会を与えられた。当時十四才だった少年が十年後に琉球経由で日本に帰り、ペリー来航のときは幕府の直参として日米交渉で働き、明治三年には開成学校（東大の前身）の教授になった。晩年は気まゝに東京湾に小舟を出して釣を楽しむ一野人となり、明治三十一年、七十一才で没している。

光太夫が没した年に万次郎は生まれた。時代の差、歴史の推移に感慨なきを得ない。

4

千石船は消えた

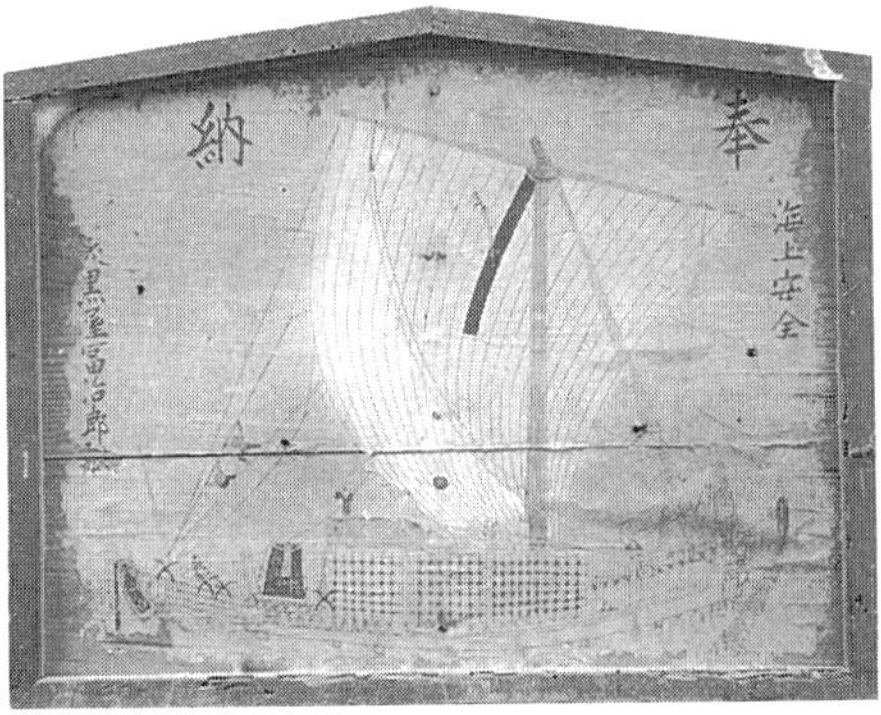

江島神社絵馬・千石船

1　江戸木綿問屋の弱体化

大黒屋光太夫がロシア漂流十年の苦難の時代は、上方からの江戸向け木綿の移出が盛大なときであって、当然伊勢国産木綿も同時に白子廻船もわが世の春を謳歌していた時代だった。伊勢南組木綿問屋（松阪地区）が集荷した木綿でも次のとおり、記録上最高の五六万反余に達していた（寛政二年一七九〇）。しかし彼が死去した文政年間頃には、松阪木綿の全盛期は峠を越していたようであり、白子港積出量は減少に転じ、白子廻船問屋の千石船建造も先細り状況となった。完全な記録ではないが六〇頁の建造船一覧表と、六二頁の就航図を見れば、大体の傾向が理解できる。

松阪木綿（南組木綿問屋扱い）移出推移

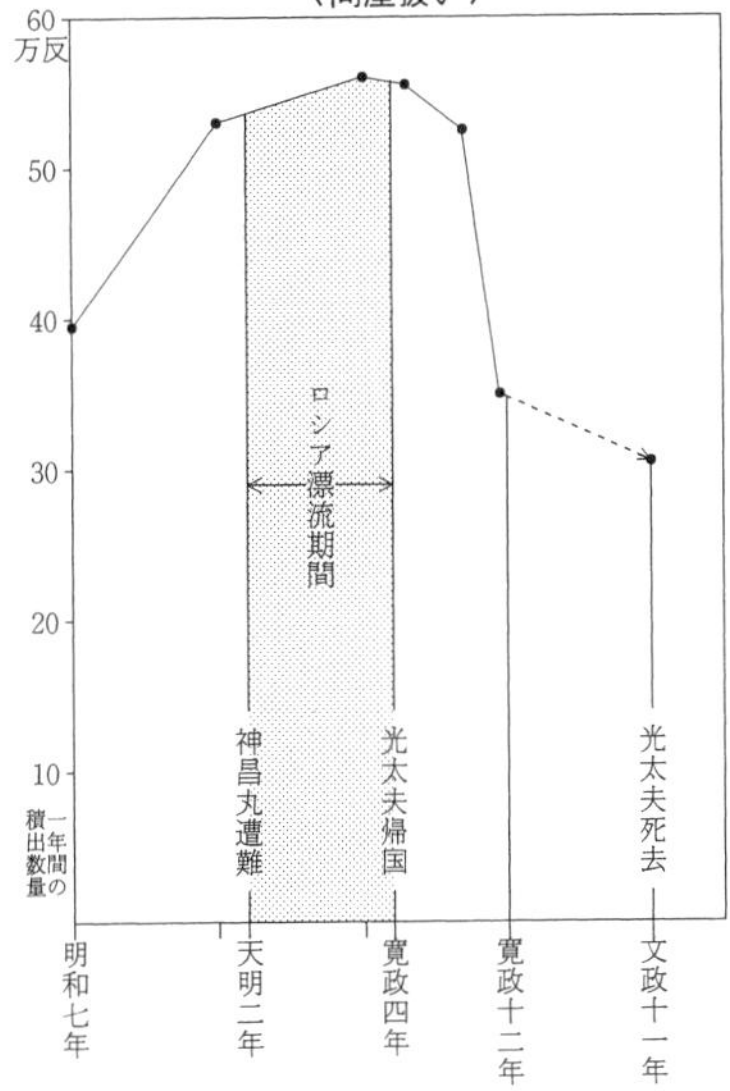

　その大きな理由は、江戸を中心とする関東経済圏やその他各地に地場産業が発達して、近畿経済圏の地位の相対的低下が進行したゝめである。これは、幕藩体

制下で各藩の財政困難が深刻化したゝめ、「米」経済一辺倒から脱して、各種の地場産業振興政策が採られたことによる。上方から正規のルートを通じて江戸へもたらされるいわゆる「下り商品」に対して、かっては「下らぬもの」とされた地場産の「地廻り商品」の普及が拡大した。

しかもその輸送経路も大きな変革が生じたのである。第一は各藩の江戸直送であり、第二は河川の改修による川船輸送であった。木綿はその標的とされた代表的商品であった。江戸木綿問屋は、自分たちの独占権を侵害する地廻り木綿の「打越し」（問屋を通さない取引）防止のため各地に見張人を派遣していたが、天保五年十二月七日、武州（埼玉県）小名木《おなぎ》川を利用して打越し木綿を運んでいる商人を捕えて荷物を押え、翌年町奉行所に訴えた。「木綿荷物差押出入」の訴状による裁判の結果は、荷送人が両組へ詫《わび》証文を出すことで示談となった。

このころ、問屋仲間制度による商品の独占的取扱いは物価高騰の元兇であるとみられ、遂に天保一一年（一八四一）問屋仲間解散令が出されて、流通経済の独占崩壊が更に進んだ。

木綿問屋も手をこまねいていた訳ではない。例えば大伝馬町組の有力者長谷川家が、三河国平坂《へいさか》の買次問屋、外山徳太郎店を買収して年間十五〜十六万反の三河木綿の平坂港―江戸直送体制を作りあげたのが天保十一年であった。白子港は打撃をうけた。

また近畿圏で有名だった姫路木綿は、藩の経済政策をうけて文政年間から天保年間にかけて江戸直送体制を作りあげ、年間約一〇〇万反の木綿は大阪港を素通りした。これに加えて酒の廻漕を主としてデビューした樽廻船が、酒の積み合せとして安値で木綿を混積したので、従来の菱垣廻船は急速に衰退した。安永元年（一七七二）一六〇艘あったものが約五〇年後の文政三年には二七艘となり、樽廻船にその地位を奪われた。しかし、問屋仲間の解散は、事態の改善にならず、物価騰貴と流通経済の混乱は依然として続いたので、天保の改革は挫折し、十年後の嘉永四年に問屋仲間再興令が出されて旧秩序に戻したが、大きな経済社会の変動は止まらず、問屋の困難と物価問題は改善をみなかった。

2　白子廻船最後の努力

伊勢湾の菱垣廻船といわれた白子廻船も文化・文政年間から建造が減少し六一頁の廻船年次表をみても文政年間以後の新造船はわずかに十二艘であり、特に大伝馬町組系列下の造船は全く記録に出て来ない。私の手もとの記録が完全なものでないから若干の脱落があるかも知れないが、白子港は一九世紀に入ってから港の賑わいを急速に失いつゝあった。

白子廻船業に関する対策は二つ考えられた。経営を維持できるような白子積荷物の増加運動と運賃値上げ要望とであった。

積荷増加問題をみよう。文化九年（一八一二）白子積荷問屋竹口次兵衛は、江戸木綿問屋に対して大阪、大和荷物の陸送を陳情し、荷物は木津川を舟で上り笠置経由で伊賀国を越え、伊勢国長野、片田等を陸送して津に至り、同地に設けられた白子積荷問屋出張所の検収をうけて白子港へ回送された。大阪から津までの日程は六日であった。また従来は江戸両組（大伝馬町組と江戸白子組）が夫々の系列の廻船によっていたのを、笠置廻しの荷物については一括して取扱われ、荷主の組分け表記をつけて江戸へ混載するなど、輸送効率の向上も図られた。このような経過を経て、紀州藩御用荷の認証を行う特権が竹口家のみに占有され、白子廻船の勢力分野は大伝馬町組系列から、白子組系列へ移行したのではなかろうか。

文政四年（一八二一）には、紀州御仕入荷物の輸送も、若山（和歌山）木綿を担当して来た日高《ひだか》積荷問屋の了解を得て、白子の川合仁平次に委せられることとなった。

しかし、これらの努力も白子廻船低落の傾向をもとに戻すことは出来なかった。

運賃問題をみよう。適切な史料が得られないので、間接的に考察する方法しかないが、天保十二年（一八四二）大伝馬町組は増運賃を認める申渡書に次のような条件をつけている。

一積高石数に応じ七分積みとし、千石船につき木綿六〇〇箇（六万反）とする事。
一荷造りや積方（略）
一出帆の節、積荷問屋の見分《けんぶん》を貰い　積荷物残《のこら》ず石数手板（送り状）へ書きのせて持参致し、（江戸）入津のとき世話方へ差し出すべき事。（以下略）

さらに安政元年（一八五五）尾張国廻船連中から荷主に宛てた文書の中に「近来大坂は菱垣廻船仕法が変更となり、運賃は二〜三割方増された」「勢州地にては白子廻船方は木綿荷物の運賃五割増、其他の荷物運賃は二〜三割増しにしている。」運賃が上がれば、無理な積荷をすることも無く船足も軽くなるので難船回避とスピードアップという効果が挙がる筈だといっている。運賃値上げがなされたことがうかゞえる。

また運賃と関連するのが白子廻船不振による拝借金の返済延滞、不能の連発だった。資金不足に対応するため、更に拝借金を申し入れざるを得なかったのではないか。天保四年（一八三四）竹口嘉助より一〇〇〇両の申入れ（決定は四〇〇両）、返済条件は毎年五〇両で二〇年賦に資金繰りの苦しさが察しられる。また竹口次兵衛より嘉永五年（一八五二）江戸へ大金二、五〇〇両という巨額の拝借の申し入れがあった。これは天保十二年の問屋株仲間解散令のため廻船は大打撃をうけておったが、嘉永四年に再興令が出されたので、引きつゞき営業のための建造資金が必要であると述べている。幕末ともなれば、かって繁栄した白子港の問屋一同が、自力で立ちあがる資金力を失っていたのではないかと思われる。

不思議なことが嘉永五年（一八五二）に起こっている。白子の清通丸・千三百石積が、伊勢国の外様大名藤堂藩の御用船となったのである。竹口治兵衛、川合孫六が保証人となり、津藩御用の岡宗太夫を通じてなされたもので、その一札には「御用船となりましたからには、今後は貴殿（岡氏）の手船ですから、浦賀番所の通行切手は貴殿名とし、白子関係は一切ございません」という文言があり、次のような条項を誓約している。

一御軍用の節はお指図に従って何国までもお供つかまつります。
一御用荷物は入念大切に取扱います。
一指図の目録以外には（無断で）荷を積みません。
一日和の都合以外は、航海中みだりに滞船致しません。
一万一海難の節は、損害の弁償は当方で致します。（以下略）

徳川御三家の管理下にある白子港の船（木綿問屋系列外であるかも知れない）が外様大名の御用へ身売り同然のことを行ったのは驚きであると共に、白子港の不振が察せられる。

本論からそれるが津港のことに触れておきたい。津港は旧くは洞津《あのうづ》（安濃津）と呼ばれ、中国・明時代の茅元儀《ぼうげんぎ》著『武備志』に薩摩の坊津《ぼうのつ》と筑前の花旭塔津《はかた》（博多）と共に日本三津（港）

の一つとして紹介されていて、岩田川の砂洲が突き出た良港であったという。伊勢神宮の神米の輸送基地であり、津市西郊が発祥の地といわれる伊勢平氏の軍港として栄えたが、明応七年（一四九八）の大地震で壊滅した。その後、江戸時代に入って藤堂城下町の港として利用されたが、白子港の方が荷積みの便が良く、運賃も安いということで、藤堂藩士の江戸送り荷さえ白子港に奪われた事があったので、津の廻船業者が藩へ抗議し「御家中船荷白子より御積可被成《なさるべき》旨に付、不二相成一《あいならず》候段、太郎右衛門申上候事」（延享元年一七四四）という文書が提出されている。太郎右衛門とは、当時の廻船年寄（代者）である。津藩御用の千石船は一艘しかなかった。

嘉永二年（一八四九）に浚渫《しゅんせつ》工事を行って改良を加えた。世襲の浜年寄が前述の岡宗太夫であって、白子の清通丸が彼を通じて藤堂家の御用船になったのがその三年後の嘉永五年であったことに注目したい。ところが宗太夫はその三年後、安政元年（一八五五）に某事件で役職を解任された。清通丸にからんで何かあったのかも知れないが、全く謎であって、小説に仕立てたら面白いものになるように思う。

3　崩壊―勝海舟の慨嘆

この状況下で激烈な打撃が襲って来た。天災と政変である。

安政の大地震（安政元年一八五五）によって白子港は破壊された。明治二年五月白子領白子組の『大指出帳』に白子港の現状は「船十四艘あり、うち二艘は東京廻船であるが、当湊は小船が入港するのみである。」と報告されている。

後年（明治二十一年一八八八）三重県庁に保存されている『町村別実施ニ係ル取調上申書』に「白子港は安政地震で潮路変じ堤防は崩壊した。以前は当港の修繕は紀州藩の保護でなされ、かつ入港の千石以上の船からは鳥目（手数料）五〇〇文、千石以下の船は五〇文の川役銭を出させ、廻船問屋はそれを積立て修繕にあてていたが……維新後これがなくなり、附寄洲《つけよりす》を生じ、港内浅瀬、わずかに七〇～八〇石積の船しか碇泊できない」と書かれている。

地震の次は政変であった。幕藩体制は慶応三年（一八六七）の大政奉還で終った。白子港から紀州藩の旗印も堤灯も消えた。千石船は、夢か幻の如く消えたのである。

江戸政略の進撃を指揮する西郷隆盛を迎えて、無血開城を行い、江戸を無事新生・東京に引きついだ幕臣勝海舟は、有名な『海舟座談』で明治三十年九月某日、次のように弁じている。

「伊勢の白子の辺は、金持ちがそろっておったものだが、皆んな潰《つぶ》れてしまっただろう。行って見ると、家には二、三人の下女下男がいるだけで、シーンと静まっている。それに、大きな家だ。どうするのかと思うと、年に一度や二度は、仲間の集合もあるものだから、いるのサ。商売は、皆東京でしたものサ。こういうものが潰れると、ソレハひどいものだよ。お大名よりもひどいよ。御一新のころには、ソンナ仲間によけいいじめられたよ。皆んな、お大名に御用達《ごようたつ》をしていたろう。雲州［松平藩］だけへでも、二十万両も貸して、その上に七十人扶持《ぶち》位ずつも、貰うていたものが、瓦解となって、何もなくなる。その後、公債が出来ても、ホンノ紙きれと思って、古証文同様の反古《ほご》と思うているものだから、皆んな番頭などにとられてしまった。アナタ方の家には、公債がよけいあるでしょうと言うと、イイエ、あれは番頭がくれろと申しましたから、遣《つかわ》しましたと、言うのサ。実に可哀相なものだよ。」

白子廻船の栄光と衰退をたどって来て、私は深い感慨を持つ。

その栄光をかち得たのは、白子港に生きた人々の働きであったことは言うまでもない。しかし彼等の舞台は、江戸の流通経済を牛耳った伊勢商人の木綿問屋、大伝馬町組と江戸白子組の勢力と紀州藩の庇護の下に組立てられたものであった。

伊勢路から海を越えて江戸へ、そしてはるかみちのくまで至った綿の道の中で、重要なしかも危険な道・海のルートを歩んだ白子廻船であったが、その道は目に見えない江戸両組の系列下に敷かれたものであった。その系列は、対等なものでなく、白子廻船を従属的な立場に置いていた。

したがって江戸両組の繁栄は白子廻船の繁栄であった。しかし、二六〇年の江戸時代が辿った経済社会の変化により、幕藩制による封建主義社会が成熟して行きついたときに、新しい社会である資本主義の芽が吹き出ようとした。幕末の動乱を通じて封建社会が崩れ、守護神であった紀州藩が消えたとき、白子廻船が消えたのはやむを得ない宿命であった。

しかし島国日本の廻船がすべて消えた訳ではなかった。欧米式の蒸気船が普及するまでの間、明治時代中頃まで活躍をつゞけた廻船があった。その一例は、北前船《きたまえぶね》と内海船《うつみぶね》である。北前船は物語りの世界でも有名である。内海船は伊勢湾岸の知多半島を根拠地として、かつては白子廻船の一員として運航したことがあったが寛政年代から、賃積み方式から買取り方式へと変貌した。北前船と同じように日本各地に出没して諸国物産を自分たちの責任で買取って、有利な地へ運んで販売した。危険も伴うが、利益も大きかった。

菱垣廻船や白子廻船は、江戸十組問屋や木綿問屋の系列に入って運賃かせぎ方式によったが、力関係で木綿問屋が優位に立ち、廻船は従属性から脱却できなかったので、新時代を迎えて呆然となる他なかったのではないか。そしてまた白子港が天然の良港ではなく、紀州藩の傘の下に入って庇護をうけていたことも、事態が変われば弱体化の原因となった。

資本主義下の自由競争をうけて立つ基盤を持たなかった白子廻船は、あっけない幕切れとなった。

同じ白子に栄えた伊勢型紙がある。本稿は木綿と港を主題とするものであったゝめ殆んど触れることがなかったが、江戸時代の白子経済を支えるもう一つの大勢力であった。伊勢型紙が日本国内で殆んど百パーセントの独占を持ったのは、紀州藩の後援が大きかったためであったが、明治維新以後も永くその地位と名声を博して生きのびたことを忘れてはならない。その理由は、しっかりとした地場産業として根付いていたことにある。

これは単に白子だけの問題ではない。世界を制覇した日本の近代産業―例えば自動車と電器の産業構造が、江戸時代の白子廻船の場合と同じよう

伊勢型紙の館・鈴鹿市伝統産業会館

に系列化され、従属化された企業群で成立っていることは否定できない。従属的支配でない共存と競争が自主的に可能となる体制づくりがなされねば、これらもまた時代の変化をうけて困難に立ち至るのではなかろうか。

廻船と型紙—江戸時代に白子の町の賑わいをもたらした二大産業に思いを致せば、感慨の尽きることはない。白子・鼓ヶ浦にある「鈴鹿市伝統産業会館」に、型紙は今も生きつゞけてその歴史と現実を語ってくれる。

白子廻船は、すでに歴史の彼方へかすんで行きつゝある。悲しいことだ。しかし、白子港は今新しく漁港として活躍している。大黒屋光太夫も、日ロ交渉史に先駆的役割を果たしたことが認められ今後の国際交流に意義深いものとして評価されている。

「白子廻船の語り部《かたりべ》」が多数生まれて、偉大なる白子廻船の歴史を語り継ぎ、白子港再発展の呼び声を続けてくれることを祈ってやまない。

4　追想—白子兵太夫と竹口次兵衛

白子港ゆかりの問屋を挙げるならば、私は大伝馬組系列の白子兵太夫家と、江戸白子組系列の竹口次兵衛家の二人を選びたい。何れも積荷問屋・廻船問屋として活躍した家系である。簡略ながら名族の歩みをたどってみよう。

白子兵太夫家

白子港の廻船史で最初に登場するのが白子兵太夫家である。しかしその家系をたどれば、戦国時代の末頃白子杢左衛門なる者があり、文武両道に秀いでていて、神戸《かんべ》城主信孝（織田信長の三男、神戸は白子西方の地）に召されて狂歌を進講したり、秀吉の播磨三木城戦に参じて狂歌を進呈した。晩年、白子山観音寺の四季咲き桜に因んだ謡曲「不断桜《ふだんざくら》」を作ったといわれている。

兵太夫家は江戸時代に入って白子で最初の酒造業をはじめ、のち兵太夫孝昌（寛政六年没一七九四）に至って木綿問屋と廻船問屋を営んだ。江戸大伝馬町組に、ひと頃白子屋七右衛門、江戸白子組に白子屋清五郎なる木綿問屋名が見られるが、白子兵太夫と関係があるのかどうか、または、地元白子で木綿の買次問屋をしていたかも知れない。木綿商いの関係で、大伝馬町組系列の廻船業へ進出したことも考えられる。

先祖の血をうけたゝめか文人としても名高い兵太夫孝昌は、本居宣長の門に入り国学や和歌を学んだ。本居宣長自身が大伝馬町などに数軒の木綿問屋を営んだ小津三四衛門家の出であることも興味深い縁である。

白子兵太夫家墓

悟真寺本堂

さて大伝馬町系列の白子廻船は、江戸末期には勢力が大いに低下したらしい。その影響であろうか、文化六年（一八〇九）には白子兵太夫の千石船幸運丸と倖運丸の二艘が売却されており、新造船は文化九年（一八一二）の弁天丸が最後となっている。また白子における積荷・廻船の主導権が紀州藩御用の特権を持つ竹口次兵衛に移ったことをうかゞわせる。そして孝昌の子孫で書家としても有名だった常昌の代には居宅を江戸に移して、弘化四年（一八四八）江戸で没しており、墓は上野寛永寺にある。明治維新に先立つこと二十二年であるが、白子における廻船業は常昌をもって自然消滅したのであろう。白子兵太夫家は、殆んど完全に白子では忘却されていた。白子姓の住人は現在地元に無く、津に三軒あるが兵太夫家との縁は判らない。

ところが白子公民館報によれば、昭和五九年のある日、岩本（旧姓・白子）房江なる方が鈴鹿市白子出張所を訪問され、自分の先祖は伊勢国白子だと言い伝えられているがと尋ねられた。昔の住所は不明であったが、悟真寺へ照会したところ、白子家の墓十数基が残っていることが判明した。孝昌の辞世の歌が彫られた墓碑もある。

西方を目当てにかねて願ひしが
　見るやにくもに入相《いりあい》のかね

同寺にその他の白子廻船問屋の墓が多く、倉田太左衛門、清水伊左衛門、綟子屋八兵衛、同栄蔵、清水清兵衛、（以上大伝馬町組系列）松野源三郎、木本清兵衛、安野治左衛門、小玉六兵衛（以上江戸白子組系列）各家の往年の歴史を留めている。

房江様（現在東京西五反田住）によれば、白子家の当主は現在カナダに移住されており健在とのこと。百三十年ぶりに先祖と墓前で対面された房江様と、かっての江戸への廻船航路をはるかに越えて太平洋を渡ってカナダに居を定められた兵太夫の子孫に変転極りない歴史の一こまを見る思いがする。

竹口次兵衛家

白子廻船を単なる物語としてでなく歴史として書きとゞめてくれた最大の功績は、積荷問屋・廻船問屋竹口次兵衛家の史料である。『白子組書状留』（宝暦四年一七五四より文化六年一八〇九まで）と『白子組書翰留』（文化七年一八一〇より文政七年一八二四まで）なる江戸木綿問屋との往復書状其他が、白子の郷土史家舌津謙二氏（故人）

や仲見秀雄氏や三重大学中田四朗氏等のご努力で研究公開された功績は多大である。

初代の浄林性元（寛永三年一六二六没）二代道誓、三代道休（貞享五年一六八八没）のあと二家に分れ、本家は廻船問屋となり、（延宝年間一六七〇代）、分家は菓子商となった。三代道休没の前年に江戸本船町に二〇両の敷金で江戸店を入手したのをみると木綿商を始めたのかも知れない。さらに三十年ほど後（正徳五年一七一五）に本町四丁目に店と土蔵つき百坪の土地を一、四七〇両で購入した。伊勢商人として相当な財力を持っていたことが判る。

延宝年間は、三井家の祖高利が本町一丁目に呉服店を開き、松阪の豪商長谷川が大伝馬町で木綿仲買を開業したりして、伊勢商人の江戸参入が続々となされた頃である。竹口家が木綿産地伊勢国と大消費地江戸とを直結して飛躍をはかった事がうかがえる。

六代冬々斎如林（寛政二年一七九〇）の時代に全盛を迎えた。竹口家をリーダーとする積荷・廻船問屋が江戸白子組系列であっ

青 龍 寺 本 堂

竹口家厨子と持佛

たのは、江戸店の所在地が本町だったためであろう。本町界隈は三井越後屋、竹川屋、白木屋、大丸屋などがあり、大伝馬町組に対抗して江戸白子組を結成した人びとの地盤であったことと関連しているのではないか。

「如林《じょりん》さん」と今でも地元で親しみをこめて呼ばれている人は、廻船業で成功を納めただけでなく石州流の茶人であり俳人であった。

奥山の木の葉は庵《いお》のしぐれかな

という句を青龍寺に残している。廻船問屋久住五左衛門と親戚であり、妻は桑名の豪商沼波弄山《ぬなみろうざん》の妹であった。

紀州藩御用の御墨付を一手に握って、名実ともに白子廻船の頂点に立っていた名族の歴史は、そのまゝ白子港の歴史であるといってよい。しかし幕末近くに至って、社会経済の変動をうけて財政困難となり、天保四年（一八三四）江戸木綿問屋へ一、〇〇〇両拝借の願を出し「文化年間以来、年々大借の利息がかさみ…手段も尽き株式（問屋営業権）も手離さざるを得ない」状況であると延べ、その返済方法は倉庫料、晒仕立、売薬（家伝の龍王湯）の年収二五〇両から家の支出二〇〇両を差引いた残金五〇両で二十年賦によりたいと申し述べている。廻船収入が含まれていないのは奇異である。さらに問屋仲間再興令のあとをうけて嘉永五年（一八五二）には立ち上り資金二、五〇〇両の拝借を申し出ている。廻船業は終末に近づいたことを思わせる。その二年後、安政元年の地震で白子港は崩壊したのである。

新時代に残された竹口家の屋敷は間口一一間、奥行四〇間（四四〇坪）あり、土蔵六棟と居室一八を持ち、紀州領と小笠原領の境界の敷地に植えた榎の大木が残っている。

明治維新後は、十代治兵衛（河清）に至って廻船業を廃止したが、十二代政吉は株式相場で成功して、明治四十一年に「県下実業家十傑」（伊勢新聞社）に選ばれている。しかし十三代博が昭和六十三年死去。最後の人さと様は高令のため筆者は取材を遠慮した。

代って竹口分家・大徳屋長久を訪問した。「小原木」という和菓子で知られる、三百余年の歴史をもつ老舗である。

筆者の質問の一つは白子の竹口家と東京の「ちくま味噌」で有名な竹口作兵衛家（松阪市中万出身の伊勢商人）との関係や、紀州和歌山とのつながりについてであったが解明できなかった。竹口姓は白子に二一軒、松阪に八軒、和歌山市に一六軒あり、他都市には殆んどなくそのルーツは関係があるように思うが判らない。

大徳屋を辞去するとき「ロシア漂流十年の、光太夫を偲んで新しい和菓子を作ってみましたが」と手渡して下さった菓子は千石船の姿を象徴したもので心にしみるものであった。大徳屋のすぐ東は昔の廻船基地小浜であり、それにつゞく白子新港には光太夫を題材とした井上靖『おろしや国酔夢譚』に因んだ文学碑（黒花崗岩）三村力の作になる石の彫刻〝刻《とき》の軌跡〟（白御影石）が伊勢湾を背景に建っている。（一〇七頁の写真参照）

白子港年表

和暦	西暦	白子・伊勢国関係	其他
弥生時代			水田耕作はじまる。
大化 元	六四五	伊勢国衙設置（鈴鹿市国府町）	大化改新
天武 元	六七二		壬申の乱
和銅 三	七一〇		平城遷都（奈良時代〜）
天平一三	七四一	伊勢国分寺建立（国分寺）	
二〇	七四八	白子観音寺、稲生神宮寺創建	
延暦一三	七九四		平安遷都（平安時代〜）
一八	七九九		コンロン人三河に漂着、棉種を持参
	一〇〇六	平維衡が伊勢守に任ぜられる	
治暦 三	一〇六七	稲生神社で平氏の殺傷事件	
嘉永 二	一一〇七	稲生神社と栗真荘が神田をめぐり争う。	
		神宮領の御厨、御薗ひろがる。	
嘉応 二	一一七〇	平資盛が鈴鹿郡久家庄に流さる（関氏の起り）	
治承 四	一一八〇		源平の宇治川の戦い
文治 元	一一八五		〃 壇ノ浦で平氏亡ぶ

和暦	西暦	白子・伊勢国関係	其他
元久 元	一二〇四	平氏残党の乱	
応仁 二	一四六八	北畠教具、白子に出陣	応仁の乱
文明 四	一四七二	伊勢湾の新警固設置に対し神官はその廃止を求む	木綿が中国、朝鮮より輸入されやがて国産木綿が普及
一二	一四八〇	平田直隣、平田城に移り鈴鹿川より用水を引く	
明応 元	一四九二		コロンブスのアメリカ発見
七	一四九八	津港が地震で壊滅	
享禄 四	一五三一		マゼラン世界一周（〜一五三三） 後期倭寇の活動盛ん（〜一五六六）
天文一二	一五四三		種子島に鉄砲伝来・火縄に木綿が使用さる
天文二〇	一五五一	神戸友盛が神戸城を築く	
永禄一〇	一五六七	織田信長軍三万が伊勢侵攻	六年宣教師フロイス来日
一一	一五六八	信長が神戸城を攻め、三男信孝を鈴与姫の婿養子とする	
天正 二	一五七四	信長が長島の一向衆二万余人虐殺	
三	一五七五	角屋が徳川御用を仰せつかる	
四	一五七六	信長が次男信雄を北畠の雪姫の婿養子とし、義父具教を謀殺、北畠氏亡ぶ。	

			信長津城を攻め弟信包を城主とする。	
	六	一五七八	信長が伊賀を攻略し大虐殺	
	一〇	一五八二	徳川家康が伊賀越えで白子より岡崎へ決死の脱出	信長が本能寺の変で死す
文禄	元	一五九三	右の戦に白子など伊勢湾岸各地に水主を割当	豊臣秀吉の朝鮮の役
慶長	二	一五九七	津出身の於奈津の方が家康の側室に	
	八	一六〇三		家康が幕府を開く
	一一	一六〇六		江戸の街造り始まる
	一三	一六〇八	藤堂高虎が津藩主となる	
	一四	一六〇九		大船建造の禁令（寛永一二に追加令）
寛永	二	一六二五		大伝馬町に木綿問屋四軒成立
	八	一六三一	角屋七郎兵衛が朱印船で安南へ	
	一一	一六三四	紀州徳川藩が白子に奉行所設置	大伝馬町に伊勢商人仲買増加
	一二	一六三五	三井家の祖高利が江戸へ	鎖国令（寛永一三全面禁止）
明暦	三	一六五七		明暦の大火。この頃より大八車が普及
寛文	一〇	一六七〇		河村瑞賢（伊勢出身）東廻り航路を開拓
	一二	一六七二		瑞賢が西廻り航路を開拓
貞享	三	一六八六		大伝馬町に木綿問屋七〇軒成立

和暦	西暦	白子・伊勢国関係	其他
貞享 四	一六八七	白子竹口家が江戸店を購入	
元禄 七	一六九四		十組問屋仲間結成、菱垣廻船がはじまる
一四	一七〇一	大伝馬町組より白子兵太夫へ連状交付あり	
宝永 二	一七〇五	伊勢御蔭参り大流行（三六二万人）	
正徳 五	一七一五	白子竹口家江戸で屋敷購入	
享保 元	一七一六	紀州藩重臣小笠原胤次が江島に陣屋を賜う	吉宗（紀州藩）八代将軍となる 享保の改革始まる
一一	一七二六		大岡越前守が木綿の移出入調査
宝暦 元	一七五一		大伝馬町組が江戸白子組を訴える（宝暦三年結審）
明和 四	一七六七	江戸白子組の運賃規定より白子廻船が三河木綿の江戸直送に対し異議申立	
七	一七七〇	白子廻船が江戸白子組へ他所廻船の仲間入り禁止申立て	新船の耐用年数七年と定め一二～一三年で必ず新造とする
八	一七七一	白子廻船の系統的記録が本年より残されている 白子廻船の建造資金借用の初出記録 伊勢御蔭参り大流行（二〇七万人）	江戸両組から白子廻船への融資が以後しきりに行わる
九 安永 元	一七七二	竹口家が江戸白子組へ尾張木綿の名古屋直積み（噂）に異議	田沼意次老中となる

二	一七七三		樽廻船問屋株の公認
五	一七七六	仮船（江戸未公認）の記録あり	
天明 二	一七八二	大黒屋光太夫（神昌丸）の海難 この頃より白子廻船の独占体制が崩れはじめる。	天明の飢饉
四	一七八四	白子の富商等が村民へ救援貸出	凶作で困難
七	一七八七	同上（一四七両）廻船の運賃増について陳情	同上
寛政 元	一七八九		松平定信の寛政改革（〜一七九三）
二	一七九〇	松阪木綿の出荷年五六万反 竹口次兵衛如林没	幕府より木綿値段引下げ令
四	一七九二	光太夫らがロシアより帰国（四二才）	ロシア船日本（根室）へ来航
六	一七九四	白子兵太夫孝昌没	
一一	一七九九	白子奉行所を代官所に改む	
一二	一八〇〇	白子廻船の掟書あり	
享和 元	一八〇一	本居宣長死去	
二	一八〇二		十返舎一九『東海道中膝栗毛』
文化 四	一八〇七		大伝馬町組の千石船・太物丸完成
五	一八〇八	半田船の木綿積入れ違反に異議 上方荷物の伊賀越陸送願い	内海廻船が買取方式で活動を開始 樽廻船が盛んとなり菱垣廻船劣勢

和暦	西暦	白子・伊勢国関係	其他
八	一八一一	大阪仕入木綿の笠置廻し始まる	この頃問屋株の制度が公認さる 和泉国農民が繰綿問屋の独占に反抗して国訴
文政 四	一八二一	紀州若山（和歌山）出の木綿が白子へ廻送の記録あり	
一一	一八二八	光太夫死去（七八才）	
一三	一八三〇	伊勢御蔭参り大流行（四二七万人）	
天保一一	一八四一	松阪の木綿問屋長谷川家が三河平坂に進出	水野忠邦の天保の改革始まる
一二	一八四二	大伝馬町組が木綿運賃増額	株仲間解散令出る
弘化 四	一八四八	白子兵太夫常昌・江戸にて没	
嘉永 四	一八五一		株仲間禁止を解き再興
五	一八五二	竹口次兵衛が江戸問屋へ二五〇〇両借金申入れ 白子廻船の清通丸が津の藤堂藩用船となる	
六	一八五三	米国ペリーの船浦賀へ来航日本開港にふみきる	
安政 元	一八五五	大地震で白子港破壊 伊勢商人たちに莫大な御用金賦課	
万延 元	一八六〇		「咸臨丸」米国へ出航
慶応 三	一八六七		大政奉還、明治維新

四	一八六八	西郷・勝の会談で江戸城無血開城
明治　四	一八七一	新政府のもとに白子は安濃津（翌年三重）県に属す、戸数四五八、人口約一万人
二二	一八八九	白子、寺家、江島合併し白子町となる、戸数一〇〇四戸。
昭和一七		近隣町村と合併し鈴鹿市成立

参考文献

［郷土史関係］

鈴鹿市教育委員会・鈴鹿市史（一〜五）（白子郷土史研究会）
㈳鈴鹿青年会議所編・新編鈴鹿市の歴史（学芸書院）
舌津顕二編著・増訂白子郷土史（地方史研究協議会）
紺野浦二著・大伝馬町（同書刊行会）
仲見秀雄著・白子浦の積荷問屋竹口家について（地方史研究協議会）
中田四朗著・伊勢型紙の歴史（法政大学出版局）
中田四朗著・近世流通経済下の白子港（龍光寺出版部）
村瀬正章著・近世伊勢湾海運史の研究（同会）
衣斐賢譲著・大黒屋光太夫追憶（鈴鹿工業高等専門学校）
大黒屋光太夫顕彰会編・あけぼの（吉川弘文館）
都築正則著・里帰りした光太夫の手紙（吉川弘文館）
亀井高孝著・大黒屋光太夫（三重県良書出版会）
北畠正元編著・江戸商業と伊勢店（中日新聞社）
後藤隆之著・伊勢商人の世界（昭和39年）
田畑美穂著・松阪もめん覚書
三重県民室・三重県史

西垣晴次・松島 博 著・三重県の歴史 （山川出版社）
平松令三編・郷土史事典［三重県］ （昌平社）
後藤裕文著・伊勢志摩路 （有峰書店）
四日市教育委員会編・四日市市史
津市役所編・津市史［第二巻・第三巻］
尾鷲市編・尾鷲市史［上・下］
小学館・海と列島文化(八)伊勢と熊野の海
南紀徳川史刊行会・南紀徳川史［関連部分］ （清文堂出版）
和歌山県編・和歌山県史［近世］
和歌山市編・和歌山市史［六］
角川書店編・日本地名大辞典［三重県］
五街道分間延絵図の内・伊勢路見取絵図 （東京美術）

［その他の部］

弘文堂編・江戸学辞典
林 玲子編・日本の近世［五］ （中央公論社）
吉田仲之編・日本の近世［九］ （中央公論社）
竹内 誠著・日本の歴史［10］ （小学館）
青木美智男著・日本の歴史［11］ （小学館）
文芸春秋社編・日本の歴史［下］ （文芸春秋社）

速水優・宮本又郎編・日本経済史［経済社会の成立］（岩波書店）
三上参次著・江戸時代史［上・下］（講談社）
石井良助著・商　人（明石書店）
同　・江戸時代漫筆（朝日新聞社）
NHKデータ情報部・江戸事情［二］（雄山閣）
瀧川政次郎著・日本法制史［下］（講談社）
須藤利一著・船＝ものと人間の文化史（法政大学出版局）
青木美智男・保坂智編著・争点日本の歴史・近世（新人物往来社）
ルイス・フロイス著・園田章雄訳・ヨーロッパ文化と日本文化（岩波書店）
桂川甫周編著・北槎聞略（岩波書店）
井上　靖著・おろしや国酔夢譚（文芸春秋社）
十返舎一九著・東海道中膝栗毛（岩波書店）
巖本善治編・勝海舟座談（岩波書店）
樋口清之著・お江戸街めぐり（河出文庫）
横山高治著・戦国於奈津の方

あとがき

平成二年秋、『伊勢商人の世界』と題する私のさゝやかな著作を出版してから四年近い歳月がたちました。思いもよらずご好評を頂いて、親しい人びとからその続編は何か出ないのかと聞かれたとき、気楽に応答していたところ、ひょうたんから駒が出るような具合いで、伊勢商人の目玉商品だった「木綿の道」の重要な結節点の役割を果たした白子港が頭に浮かびました。しかし何からどう手をつけるかということで、迷いに迷って日が経ちました。

偶然二つのきっかけが生まれました。私の親しい友人で白子を故郷とする野嶋衛氏が東京から帰省されたとき、白子地区の歴史散歩に誘ってくれ、由緒ある町の今昔を眼の当りにして興味が湧きました。

次に一年ほど前、白子公民館長の松田徳治郎氏から、伊勢商人と白子について、市民講座の御依頼がありました。期日は約十ケ月も先なので安請け合いをしました。講話の内容があったのではなく、十ケ月の間に勉強して物にしようと覚悟を決めた訳です。ところがたちまち期日到来となり万事休し、思案のあげく「白子港七つの謎」という演題と草稿を提示する羽目になりました。

地元のことに詳しい方々を前にして知ったかぶりに話をするよりも、私が分からずに困っていることの数々を整理して、ぶっつけてみようと考えました。分からないことを分かりません、こう推理しましたというやり方は、私の気持を楽にしてくれると共に、地元の方が、実はこうじゃないですかなどと助け舟を出して下さるきっかけとなりました。

講話を済ませたあと、何となく本の構想がまとまりました。白子港だけを記述するのではなく、「綿の道」の産地伊勢湾周辺と、消費地江戸とそこで活躍した伊勢商人たちとの関係が、どうにか白子港の生成と千石船の廻船で結びつくようになりました。

しかし、正直なところ謎が解けた訳ではありませんので、拙著の標題は「歴史」よりも「歴史浪漫」がふさわしいように思いました。

ここまで漕ぎつけるまでに、鈴鹿市長衣斐賢譲氏をはじめ市の関係当局の方がたや、大黒屋光太夫顕彰会の浜中克巳会長や山口俊彦氏、その他地元の多くの方がたに色々お世話になりました。歴史ジャーナリストとして活躍されている三重県出身の横山高治氏からお送りいたゞく数多くの郷土に関する著書や論説にも励まされました。

そして最後に、私が自分の本業である公認会計士・税理士の職務を脱線していることを寛容してくれた事務所員一同のお陰も痛感します。

皆様方に改めて心から感謝申しあげます。

平成六年四月十日

七十四回目の誕生日に当り

後藤隆之

著者紹介

後藤隆之（ごとう　たかゆき）

一、大正九年四月十日　三重県河芸郡黒田村（現、津市河芸町）三行に生れる。
一、三重県立津中学より東京商科大学（現、一橋大学）へ進学。
一、昭和十八年十二月一日より学徒出陣で軍務、昭和二十二年ソ連地区より復員。
一、戦後、病いと闘いながら会社、団体等の勤務を経て、公認会計士、税理士の道を歩む。
一、日本公認会計士協会の理事、監事、東海会副会長等の業界役職を歴任。
一、三重県地方最低賃金審議会（会長）、三重県収用委員会委員（会長代理）、三重県大型店舗審議会委員（会長）、津市立三重短期大学講師など、国・県・市の公職を歴任。
一、五十鈴監査法人の元代表社員及び後藤・今村会計事務所元理事長。
一、平成元年三重県産業功労者として表彰を受く。
一、著書　赤いネッカチーフ―新中国の旅、アメリカ点々学習、随想青鉛筆、伊勢商人の世界、国境の街にて、ひとすじの道など。
一、平成十四年一月三十日死去。

伊勢湾白子港歴史浪漫《いせわんしろここうれきしろまん》

2023年7月25日　初版発行

著　者　後《ご》藤《とう》隆《たか》之《ゆき》
発行者　武馬久仁裕
印　刷　藤原印刷株式会社
製　本　藤原印刷株式会社

発　行　所　株式会社　黎《れい》明《めい》書《しょ》房《ぼう》

〒460-0002　名古屋市中区丸の内3-6-27　EBSビル　☎052-962-3045
FAX 052-951-9065　振替・00880-1-59001
〒101-0047　東京連絡所・千代田区内神田1-12-12　美土代ビル6階
☎03-3268-3470

落丁本・乱丁本はお取替します。　ISBN978-4-654-07715-1

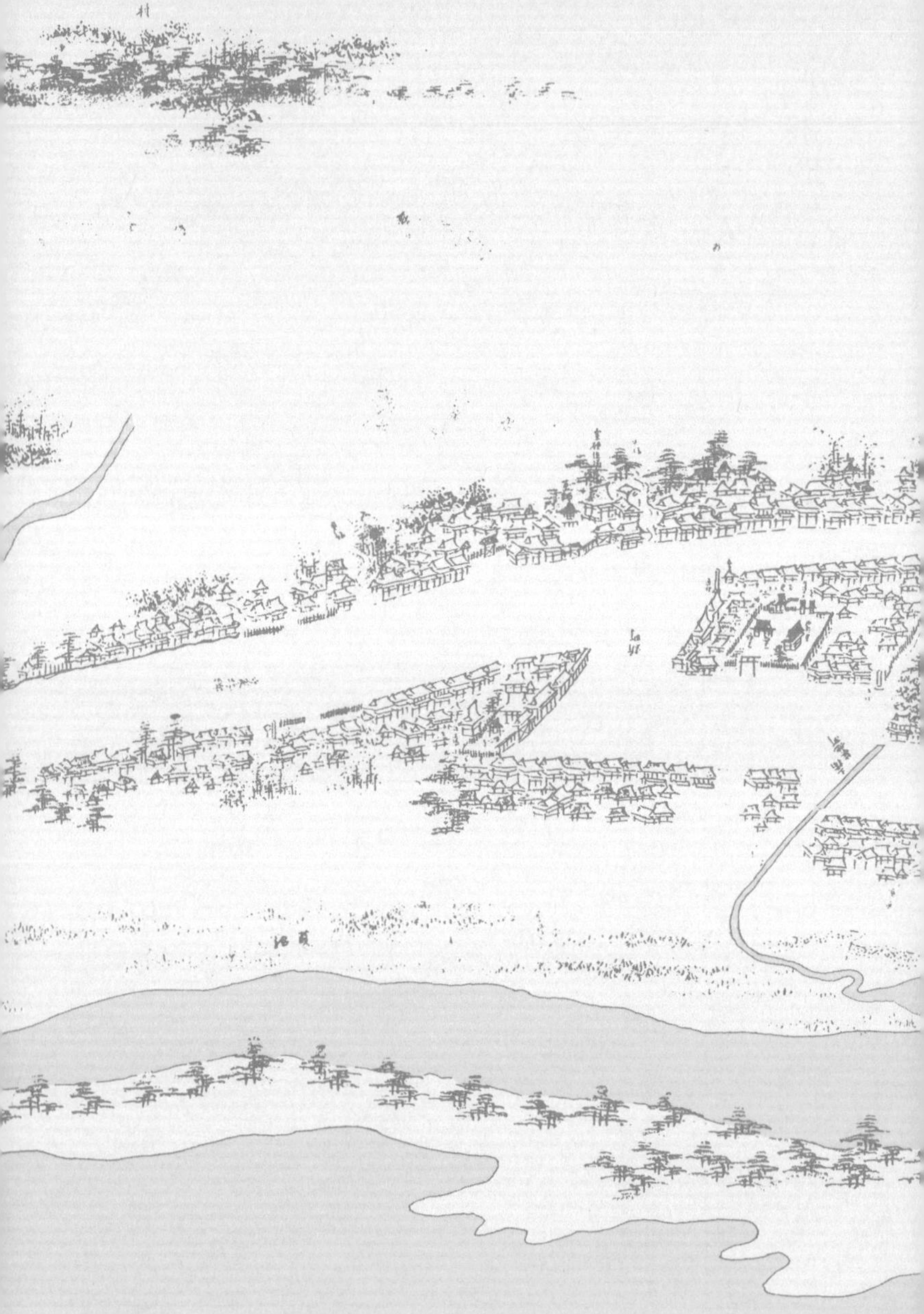